GET STYLE GROOMING
2019 TREND CUT 1

이서현 지음

Poodle

Bichon Frise

Get Style Grooming
2019 Trend Cut 1

초판 1쇄 발행 2019년 01월 01일
     2쇄 발행 2020년 08월 28일
     3쇄 발행 2022년 05월 02일

지은이 이서현
펴낸이 장길수
펴낸곳 지식과감성#
출판등록 제 2012-000081호

디자인 최유리 cyr1230@naver.com
편집 최유리
교정 박솔빈
마케팅 고은빛

주소 서울시 금천구 벚꽃로 298 대륭포스트타운 6차 1212호
전화 070-4651-3730 ~4
팩스 070-4325-7006
이메일 ksbookup@naver.com
홈페이지 www.ksbookup.com

ISBN 979-11-6275-406-1(13590)
값 30,000원

ⓒ 이서현 2019 printed in korea

잘못된 책은 구입하신 곳에서 바꾸어 드립니다.
이 책의 전부 또는 일부 내용을 재사용하려면 사전에 저작권자와 펴낸곳의 동의를 받아야 합니다.

이 도서의 국립중앙도서관 출판예정도서목록(CIP)은 서지정보유통지원시스템 홈페이지
(http://seoji.nl.go.kr)와 국가자료종합목록시스템(http://www.nl.go.kr/kolisnet)에서
이용하실 수 있습니다. (CIP제어번호 : CIP2018040487)

홈페이지 바로가기

| **머리말** |

두번째 겟스타일 책을 내면서..

첫 번째 ≪개스타일≫ 책은 고객과 함께 보며 애견미용에 대한 소통의 수단이었다면, 이번 ≪Get Style Grooming 2019 Trend Cut≫ 1편과 2편은 초심자부터 현직 미용사분들까지 애견미용의 다양한 스타일의 이해를 돕기 위한 목적을 가지고 만들게 되었습니다. 책을 만드는 기간 동안 나만의 미용 순서와 방법을 사진과 글로 정리하는 게 고된 작업이었지만, 저 또한 다시 한번 공부하는 시간이 되어 너무나 즐거웠습니다. 이 책이 많은 미용사분들에게 기술을 응용하여 자기만의 스타일을 찾을 수 있게 해주는 길잡이 역할을 해준다면 참 좋을 것 같다는 생각에 책이 나오기까지 설레고 또 설렜던 시간이었기도 합니다.

애견미용은 기술과 테크닉만으로 되지 않는다고 생각합니다. 또한 강아지는 살아 있는 생명체이기에 조심스럽게 소중히 다루며 미용하는 게 우선이라고 생각합니다. 요즘은 SNS나 세미나로 배움의 기회는 많아졌지만, 경험으로 비추어 보아 기본적인 베이싱이나 드라이, 스트레스 없는 보정 방법 등 애견에 대한 이해력이 부족해 실수가 반복되고, 슬럼프에 빠지는 애견미용사분들이 많다는 사실을 잘 알고 있습니다. 애견미용은 누구나 도전하고 따라 할 수 있는 기술이지만 강아지에 대한 이해력이 부족하면 더 깊게 배우는 도중 쉽게 포기하는 경우가 많습니다. 강아지를 진심으로 사랑하는 마음이 있어야 가능한 일이고, 단순히 미용을 예쁘게 하는 것보다는 하나하나 개성을 살려 장점을 부각시키고 단점은 보완해주면서 수많은 경험으로 애견미용 과정에 대한 어려움을 해소할 수 있어야 온전한 나만의 미용이 되리라고 확신합니다.

2019년 저자 **이서현**

이 책의 구성

CUT NAME

CUT POINT

CUT STYLE

TIP BOX

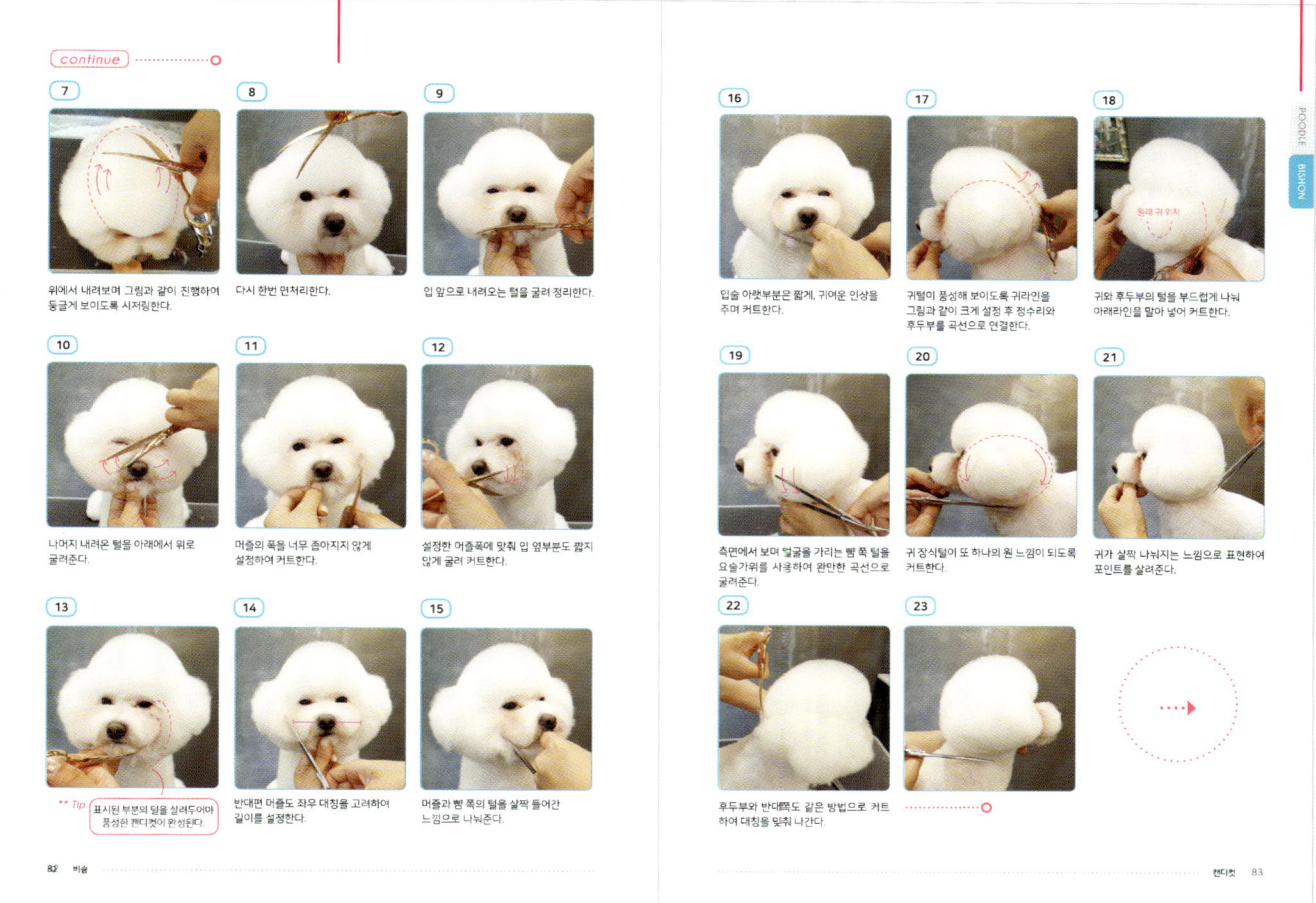

Contents

PART1 Poodle Style — 09

① 짧은 귀 테디베어컷 + 부츠컷 — 10
② 큰 테디베어컷 — 16
③ 베들링턴 라인컷 — 20
④ 몽키컷 — 28
⑤ 짧은 캔디컷 + 5m엉뽕컷 — 34
⑥ 리본 스타일컷 + 5mm A라인 스포팅 — 44
⑦ 머리묶은 브로콜리컷 + 큰 A라인컷 — 52
<알아두면 유용한 애견미용 지식> — 59
⑧ 귀긴 브로콜리컷 — 60

PART2 Bichon Style — 65

① 귀툭컷 + 1cm스포팅 — 66
② 하이바컷 — 74
③ 캔디컷 — 80

PART 1

Poodle Style

견종에 맞게 스타일을 추천하고, 강아지의 생활패턴이나 기타 특성 및 보호자들이 원하는 스타일을 충분히 존중하고 조율하다 보면 새로운 나만의 스타일을 찾을 확률이 높아진다.

① 짧은 귀 테디베어컷 + 부츠컷

② 큰 테디베어컷

③ 베들링턴 라인컷

④ 몽키컷

⑤ 짧은 캔디컷 + 5m 엉뽕컷

⑥ 리본 스타일컷 + 5mm A라인 스포팅

⑦ 머리묶은 브로콜리컷 + 큰 A라인컷

⑧ 귀긴 브로콜리컷

Poodle Style ①

푸들 짧은 귀 테디베어컷
+(클리콤을 이용한) 부츠컷

서양국가에서는 클리콤을 사용한 커트가 보편적이다. 한국처럼 피부가 보이도록
짧게 미는 경우는 피부병에 걸려 치료를 목적으로 필요에 의해서 하는 것이다.
반려견의 신체 각 부분을 보호하는 털을 청결하며 관리가 쉽도록
클리콤을 이용하여 길게 클리핑하고, 부츠컷라인에 밴딩을 넣어 볼륨감을 표현했다.
바디는 클리콤 A번을 사용해 2cm정도 길이가 남도록 정방향으로 클리핑하고
짧은 테디베어컷으로 동글동글 사랑스러운 푸들의 모습으로 탈바꿈하였다.

Let's start poodle grooming!

Before

After

이 컷의 Point *

10번 또는 30번 날을 끼운 후 클리콤 A번을 위에 고정시켜주고 정방향으로 2~3cm 길이를 남기고 부츠 형태의 밴딩표현을 해보자. 테디베어컷은 턱은 짧게 커트하고 탑부분은 높게 설정하여 중심점을 위로 끌어 올려주어 귀여움을 강조할 수 있다. 귀는 작아 보이도록 짧고 둥글게 굴려주어 입체감을 표현한다.

Body Cut Start !

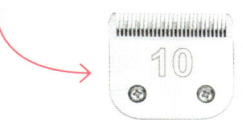

1

Tip
미근부는 날을 띄워서 뿌리 부분이 많이 밀리지 않도록 해야 **방망이 모양**의 꼬리를 완성할 수 있다.

호크에서 1cm 위 사선으로 부츠라인을 잡는다.

2

후지 라인을 기준으로 수평으로 전지 높이도 같은 선상에 위치하도록 클리핑한다.

4
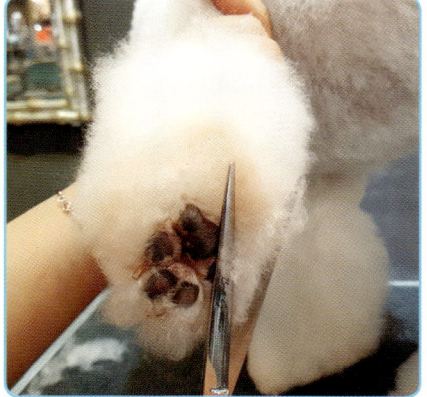

패드를 가리는 털을 깨끗히 커트한다.

5

둥글게 풋라인을 잡아준다.

6

부츠의 볼륨감을 위해 클리핑라인에 1cm 폭의 밴딩을 사선으로 표현해준다.

continue

7

전지는 수평으로 밴딩을 넣는다. 가위로 쏙 말아넣듯이 굴려주면 볼륨감이 업!

8

** Tip 클리퍼 컷은 길이감이 길기 때문에 깨끗이 밀리지 않은 부분은 가위로 다시 한번 다듬어야 한다.

9

끝으로 조금 퍼지는 형태로 부츠 모양을 표현해준다.

10

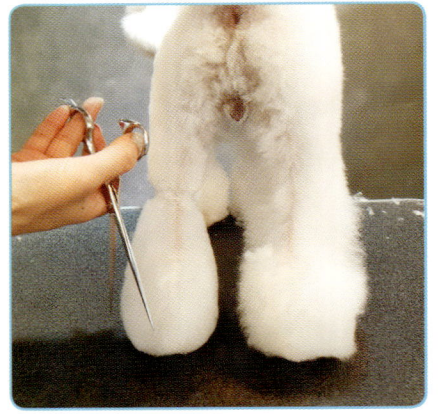

측면의 폭과 뒤에서 봤을 때의 폭이 동일하도록 균형을 맞춰준다.

11

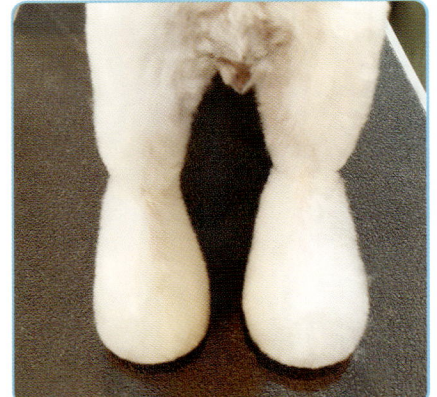

후지 완성

12

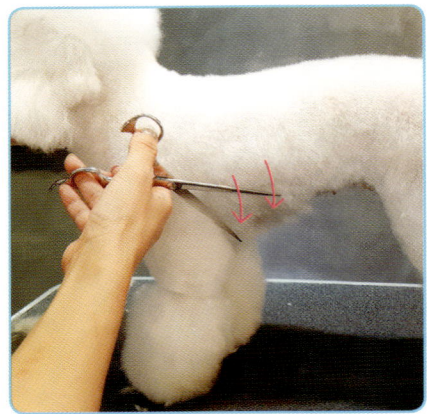

언더라인을 굴려 정리한다.

13

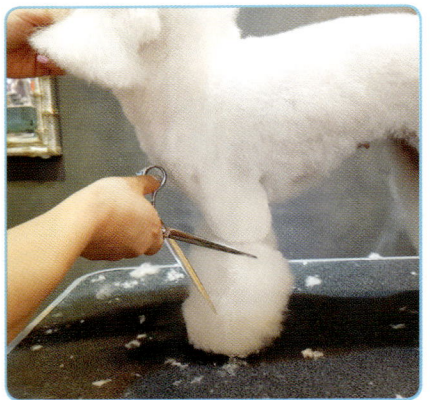

전지도 후지와 같은 방법으로 물방울 모양의 부츠로 커트해준다.

14

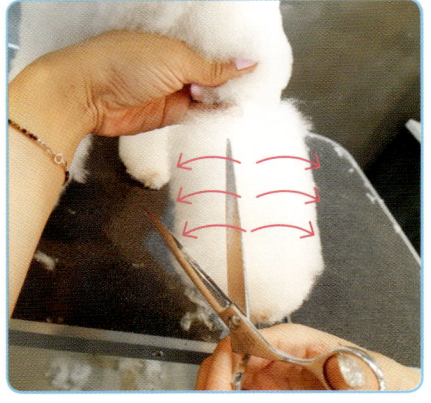

다리를 살짝 들어올려 그림과 같은 방향으로 커트하면 좀 더 쉽고 빠르게 커트할 수 있다.

15

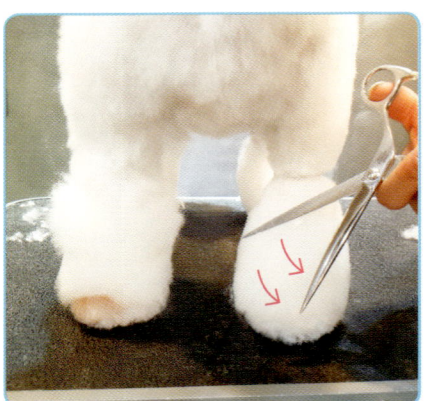

바로 세운 상태에서 재차 다듬어준다.

16

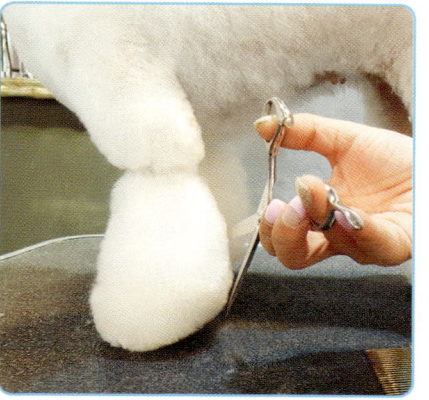

측면도 후지와 폭이 동일하게 커트한다.

17

전지 완성

18

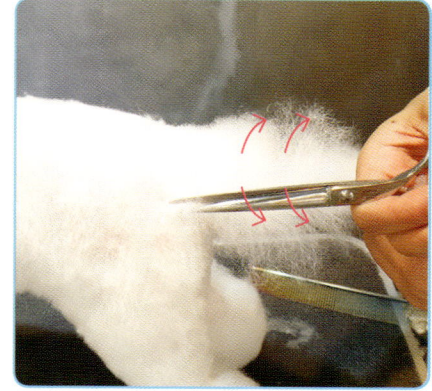

꼬리는 방망이 형태로 커트한다.

Face Cut Start !

Before

After 1

After 2

19

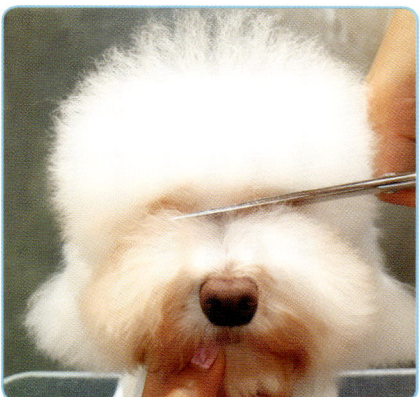

눈 앞은 시원하게 보이도록 수평으로 커트한다.

20

위에서 내려다볼 때 눈 앞으로 나려오는 털을 굴려 잘라준다.

21

입술로 내려오는 털을 짧게 정리한다.

continue

22 코 앞으로 내려오는 털을 아래에서 위로 굴려준다.

23 코를 기준으로 좌우 머즐의 폭을 동일하게 설정해준다.

24 **Tip** 아랫입술의 변색된 침샘 털을 짧게 잘라주면 깨끗한 인상을 줄 수 있다.

25 재차 다듬어 머즐의 형태를 둥글게 만들어준다.

26 머즐과 연결하여 측면의 털도 말끔히 커트한다.

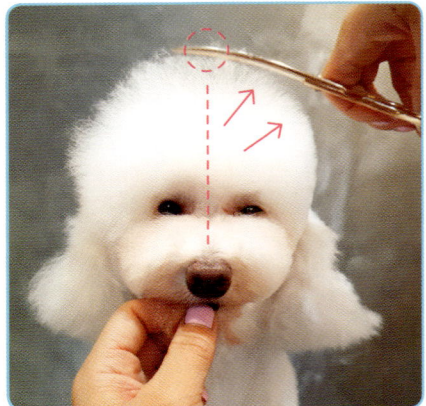

27 정점을 기준으로 반원으로 커트하여 굴려준다.

28 귓바퀴에서 45° 정도 기울여 머리와 귓털을 명확히 나누어준 뒤, 후두부와 자연스럽게 연결해준다.

29 귀 뒷쪽은 짧게 커트하여 목이 길어보이게 표현한다.

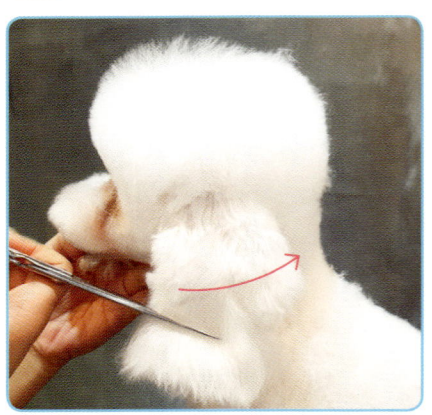

30 귀 끝 바로 아래로 짧고 둥글게 귓털을 정리한다.

31

정리된 귀 모습

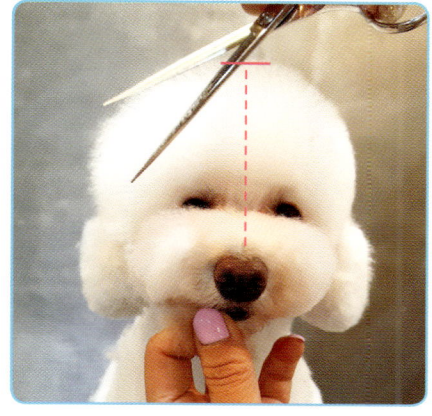

32

반대쪽 얼굴도 정점을 기준으로 좌우 폭을 맞추어 나간다.

33

** Tip 아래턱 부분을 최대한 짧게 쳐주면 음식물로 인한 오염없이 오랜시간 깨끗이 관리할 수 있고 귀여운 인상을 남긴다.

34

후두부도 볼륨감을 주며 측면의 균형을 맞춰준다.

35

전체적으로 다시 한번 튀어나온 털들을 다듬어준다.

36

37

Finish

Poodle Style ②

푸들 큰 테디베어컷

기존의 테디베어컷에서 얼굴의 크기를 조금 더 키워 풍성하게 커트한 스타일로 많은 사랑을 받고있는 트렌디한 컷이다.
작고 동그란 귀 표현으로 밸런스를 맞추어 어려보이고 귀여움을 한층 더 돋보이게 하고, 모든 푸들에게 무난하게 잘 어울리며 관리 또한 쉬운 편이다.

Let's start poodle grooming!

Before

After

이 컷의 Point ✻

기존 테디베어컷보다 전체적으로 좌우 폭이 넓어진만큼 밸런스를 잘 맞추는 것이 중요하다. 스톱을 기준으로 대칭을 맞추며 둥글게 커트하고, 원래의 귓바퀴 라인보다 인위적으로 낮게 설정하여 라인을 나눠야 귀가 작아보이는 효과를 줄 수 있다.

Start !

1

코와 입주변의 선을 'ㅅ'형태로 깨끗히 정리한다.

2

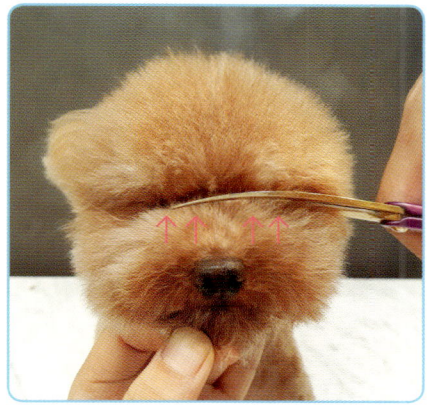

콤으로 털을 세운 뒤 액단을 일직선으로 명확히 나누어 커트한다.

3

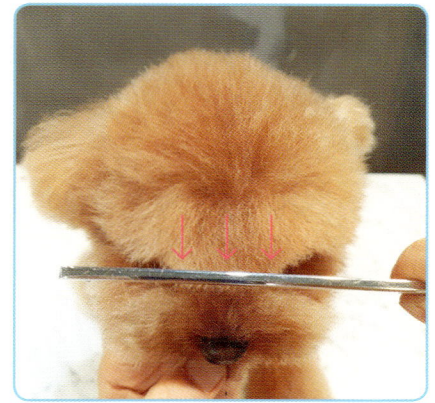

이마의 털을 눈 아래로 코밍한다.

4

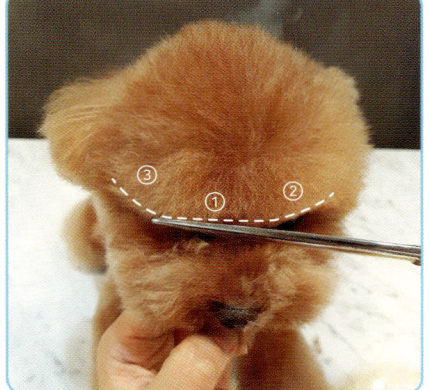

내려오는 털을 눈 끝쪽으로 라운딩하며 커트한다.

5

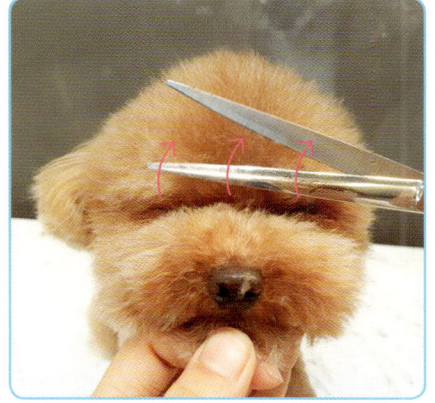

이마는 정수리 방향으로 짧게 굴려 커트한다.

6

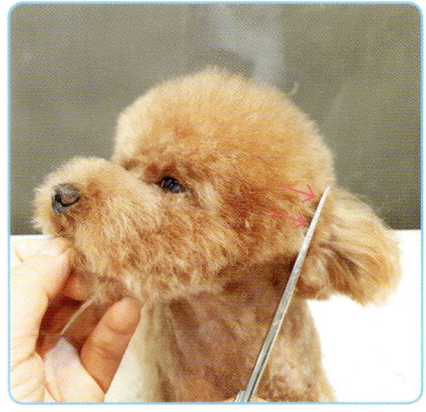

귀 앞으로 코밍하여 깨끗이 정리한다.

`continue` ·········○

7

눈꼬리에서 2~3cm 여유를 두고 크라운의 폭을 길게 설정하여 굴려준다.

8

좌우 대칭을 맞춰가며 얼굴의 크기를 정하며 다듬는다.

9

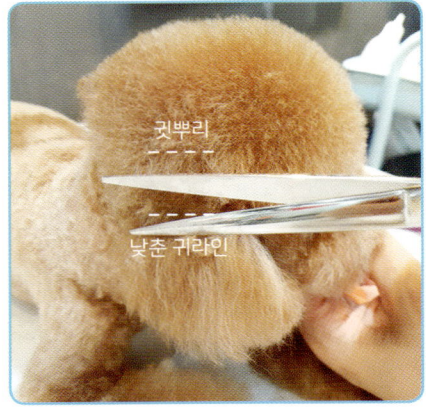

귓뿌리보다 조금 아래로 라인을 나누며 후두부까지 둥글게 연결한다.
(귀가 더 작아보이는 효과가 있다)

10

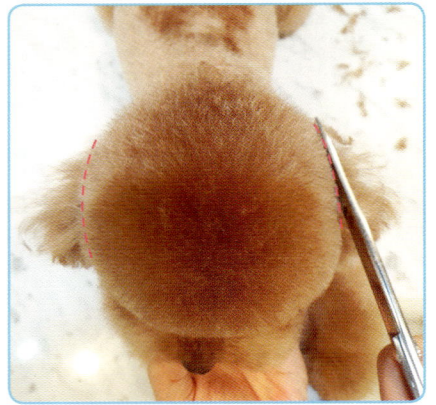

위에서 내려보며 폭이 좁아지지 않도록 귀를 분리해준다.

11

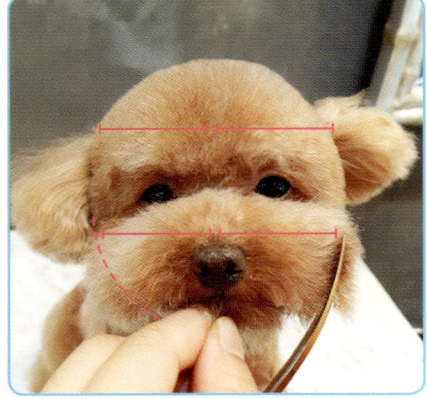

크라운의 폭과 머즐 폭이 동일하도록 맞추어 커트한다.

12

입 앞으로 내려온 털을 사진과 같은 방향으로 둥글게 굴려준다.

13

입 끝에서 귀 아래까지 불필요한 털을 정리한다.

14

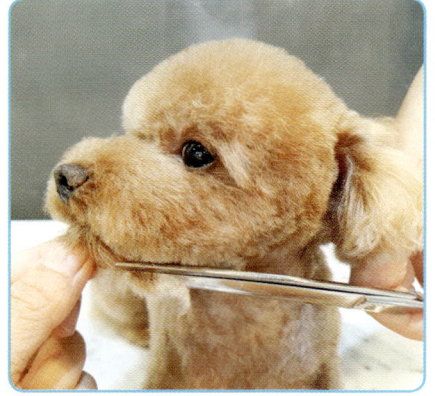

입술 옆의 털을 짧게 커트한다.

15

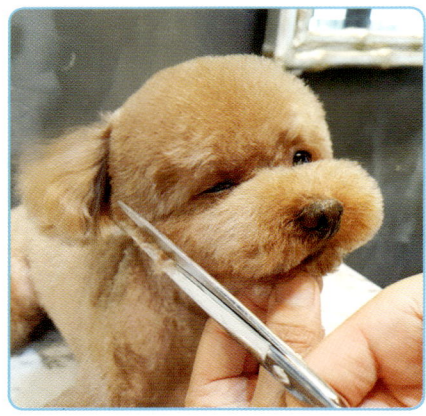

반대편도 같은 방법으로 맞춰준다.

16

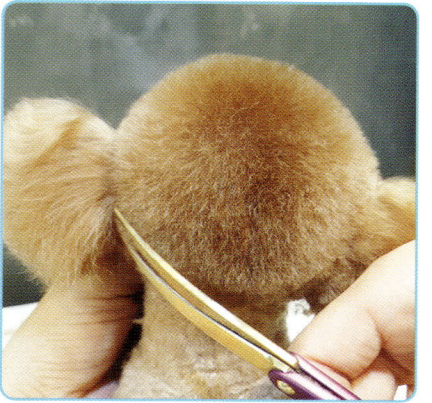

뒷면의 모습도 좌우 균형을 맞춰 완성해 나간다.

17

귀 끝 최대한 가까이 짧고 둥글게 커트한다.

18

마지막으로 턱도 짧게 연결하여 마무리한다.

19

20

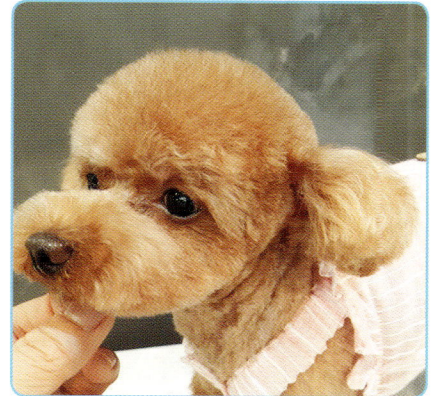

완성 - 옆에서 본 모습

21

완성 - 뒤에서 본 모습

22

완성 - 위에서 본 모습

23

Finish

Poodle Style ③

푸들 베들링턴 라인컷

베들링턴 테리어의 미용라인을 푸들에게 적용했을 때 다른 푸들컷에
비해 모 길이가 짧아 관리가 용이하여 바쁜 견주들의 반려견에게 추천한다.
길이는 짧지만 베들링턴 컷의 특징인 둥근 등선이나 깊은 턱업,
귀걸이를 한 듯한 탓셀, 짧지만 앙증맞은 얼굴표현으로 개성을 표현할 수 있다.

Let's start poodle grooming!

Before

After

이 컷의 Point *

기갑과 엉덩이 부분은 짧게 커트하여 베들링턴 컷의 큰 특징인 둥근 등선 표현방법과 부드럽고 자연스러운 앵글레이션 표현을 따라해보자.

Body Cut Start !

1

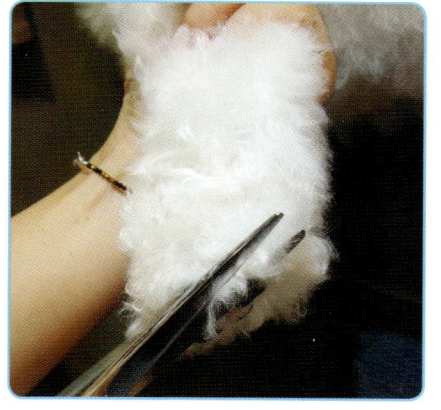

콤으로 발바닥 가리는 털을 빗어내려 깨끗이 커트해준다.

2

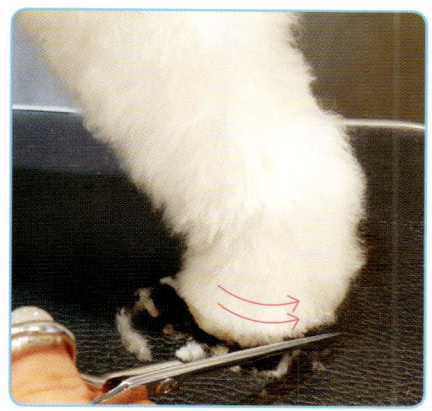

바르게 세워 발 선을 둥글게 커트한다.

3

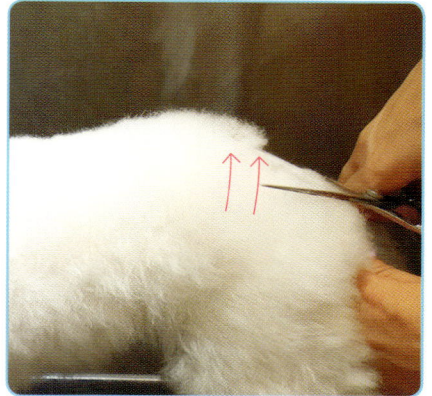

엉덩이 부분은 최대한 낮아보일 수 있도록 짧게 커트한다.

4

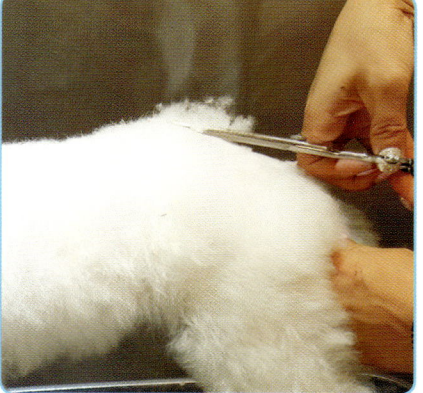

위로 올라갈수록 자연스럽게 길이가 서서히 길어지도록 측면에서 라인을 살피며 커트한다.

5

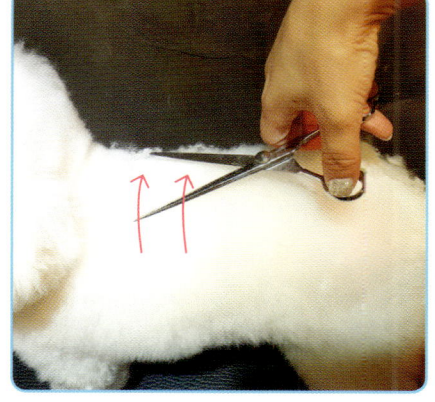

기갑 부분은 짧게하여 아치 형태의 등선을 잡는다.

6

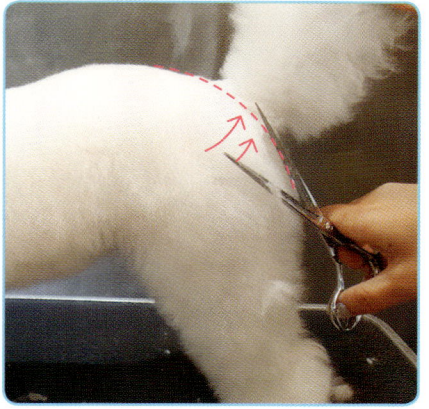

부드러운 곡선으로 전체가 표현되어야 하므로 엉덩이도 둥글고 짧게 연결해준다.

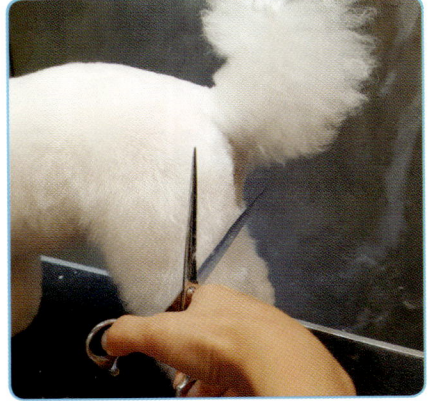

7

좌골 아래로 호크까지 짧고 완만하게 앵글레이션을 만들어준다.

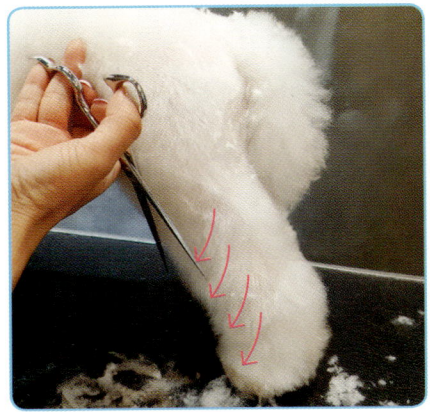

8

턱업부터 발라인까지 짧은 곡선으로 커트한다.

9

전체적으로 연결이 되도록 면처리 해준다.

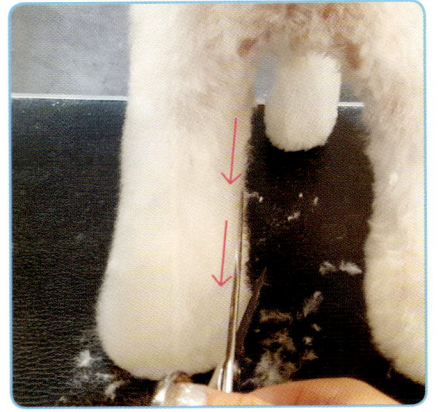

10

다리 안쪽도 위에서 아래로 일직선으로 짧게 커트한다.

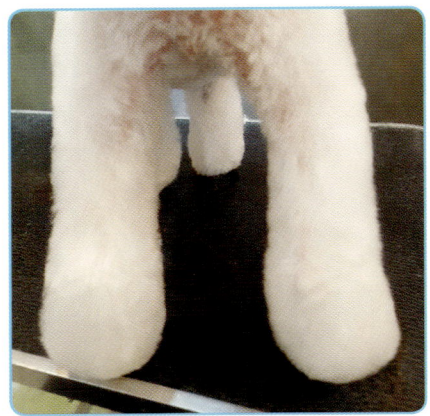

11

뒤에서 본 다리. (짧은 11자 모양)

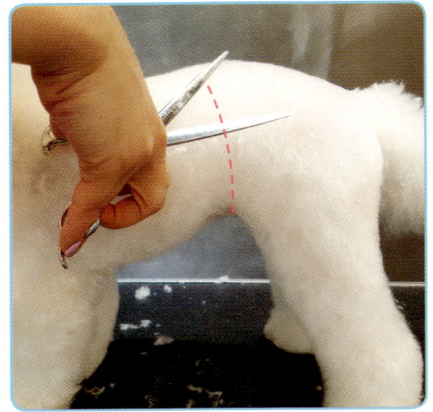

12

등선을 바디와 자연스럽게 연결한다.

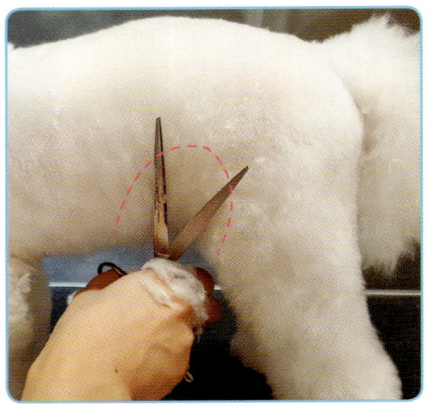

13

턱업 부분은 최대한 깊게 표현하여 후지가 길어보이도록 커트한다.

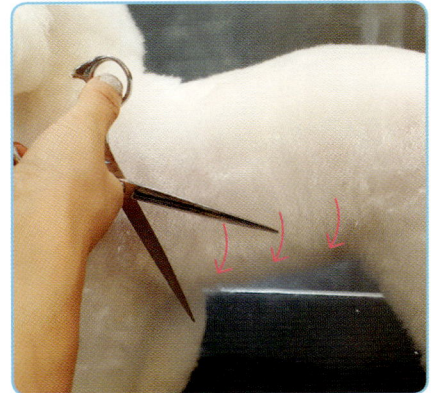

14

바디는 둥글고 짧게 굴려 커트한다.

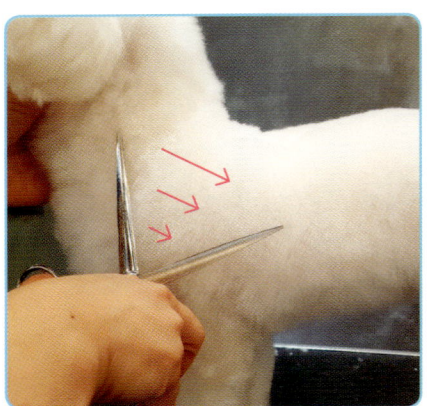

15

바디는 짧고 부드럽게 연결해준다.

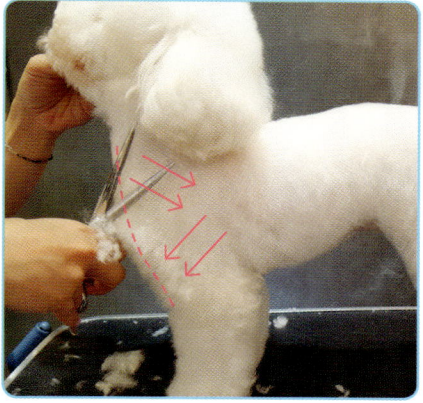

흉골 앞으로 최대한 짧게 곡선으로 커트한다.

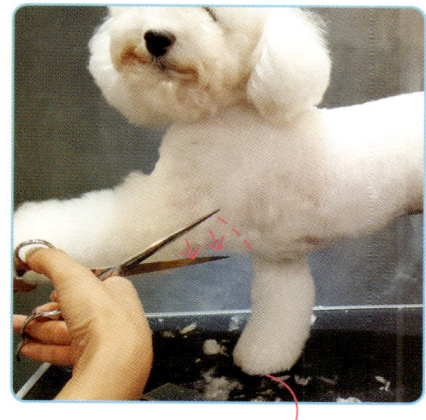

Tip 앞다리를 가볍게 들어 겨드랑이 안쪽의 털을 깨끗히 해야 선명한 라인과 음영이 표현되어 좀 더 입체감있게 표현할 수 있다.

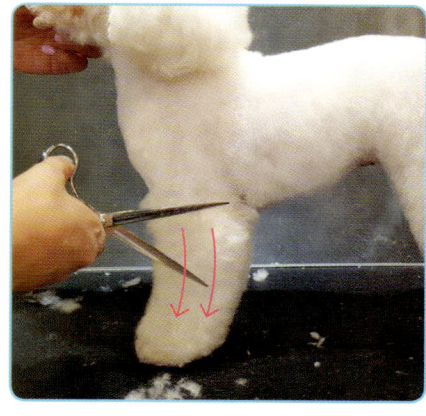

바디와 일직선이 되도록 측면의 길이를 설정해준다.

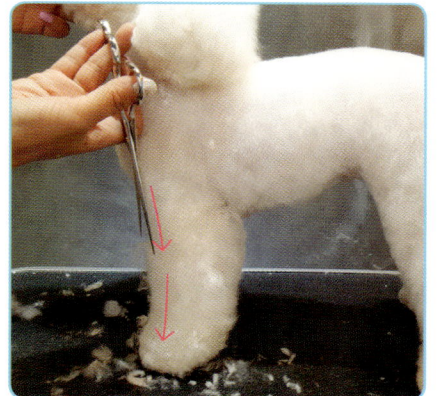

발 끝까지 일직선으로 연결한다.

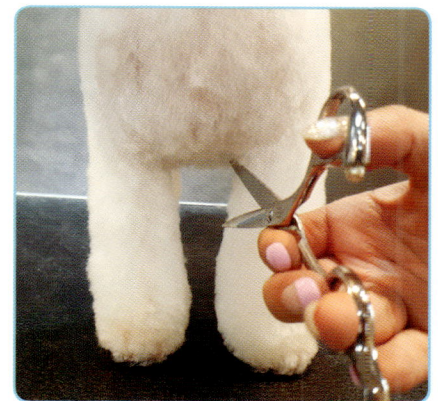

정면에서 볼 때 짧은 11자 형태로 보이게끔 커트한다.

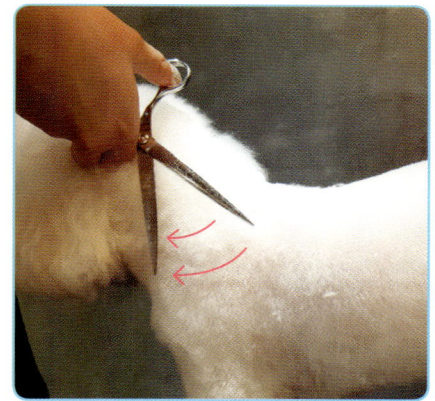

목부분도 짧고 시원하게 커트한다.

꼬리털은 엉덩이 부분과 겹치는 털 없이 수평으로 위쪽 먼저 커트해준다.

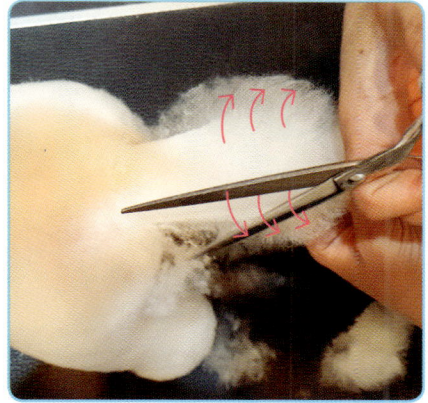

3cm 정도의 폭으로 좌우측의 밸런스를 맞추어 끝으로 갈수록 모양을 좁가지게 한다.

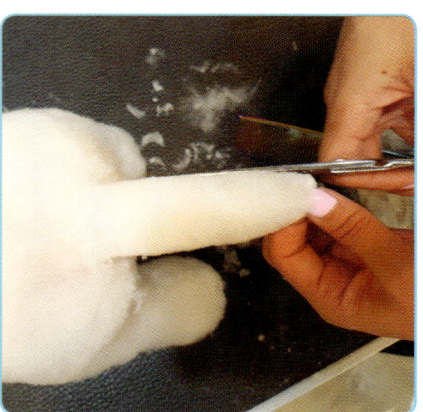

완성된 꼬리 형태.

continue

Before

After

이 컷의 POiNT *

1 : 1.5 비율로 크라운을 높게 설정하는 방법과 U자 형태의 넥라인, 그리고 탓셀을 남기는 지점을 염두해두며 살펴보자.

Face Cut Start !

25

2mm 날로 아담스애플에서 2-3cm 아래로 U자 형태의 넥라인을 설정하여 목이 길어보이는 효과를 준다.

26
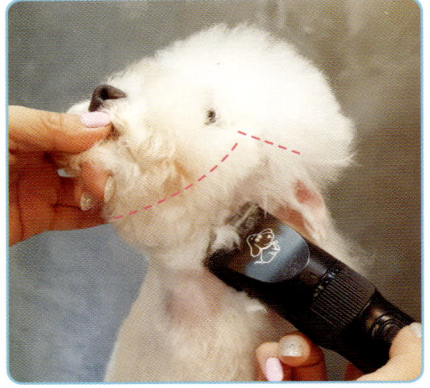
눈꼬리 뒤 1cm에서 귀뿌리까지 일직선, 입꼬리 뒤 1cm지점까지 클리핑한다.

27

탓셀 표현을 위해 귀 끝 1/3지점에서 'ㅅ' 자 형태로 탓셀을 남겨준다.

28

귀 안쪽도 정방향으로 깨끗이 클리핑한다.

** Tip
귀 클리핑시 항상 손바닥으로 받혀준 뒤, 정방향으로 밀어야 다칠 위험이 적다. 특히, 이중귀를 주의해야한다.

29
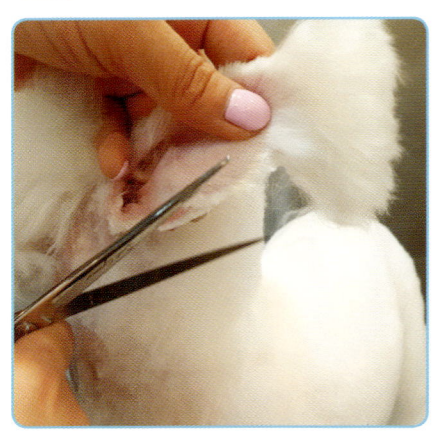
클리핑 한 후, 지저분한 선을 정리한다. (곁에선 귀와 털이 잘 안보여 안쪽에서 보며 커트해야 다치지 않는다.)

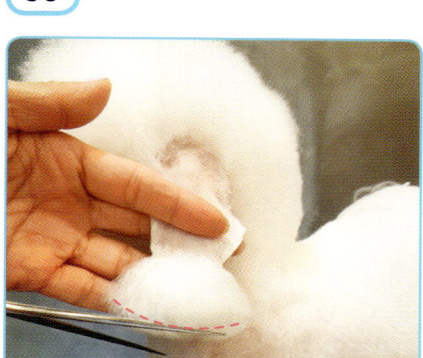
30
탓셀도 둥글게 정리한다.

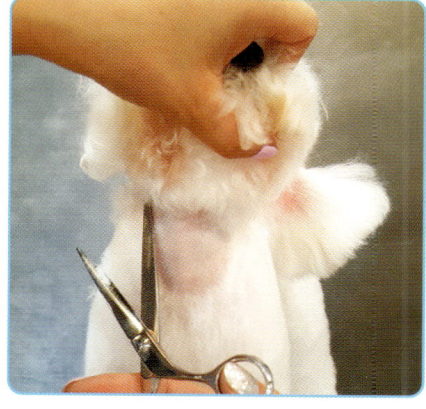
31
U라인을 따라 넥라인의 지저분한 털을 깔끔히 정리한다.

32
클리핑 라인에 맞춰 입꼬리 1cm 뒤부터 귀뿌리까지 사선으로 기초선을 잡는다.

33
측면의 털을 사진과 같은 각도로 폭을 잡아준다.

34
머즐의 각을 둥글게 굴려 기초선과 연결한다.

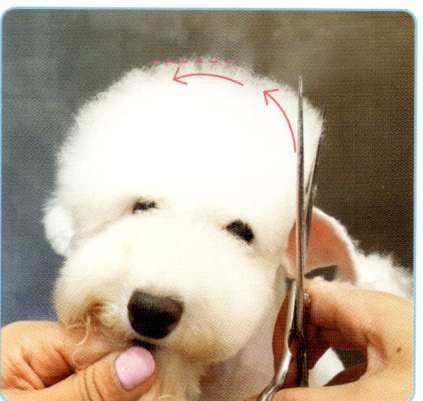
35
탑라인을 조금 높게 설정하여 굴려준다.

36
반대편도 같은 방법으로 틀을 잡아준다.

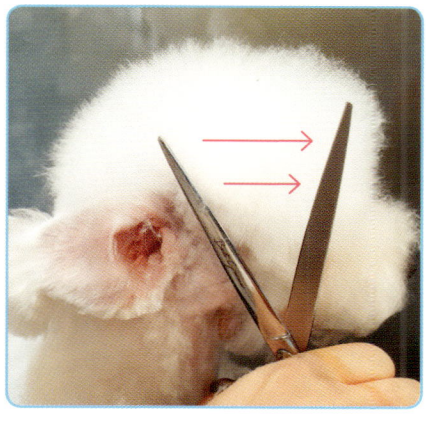
37
뺨과 자연스럽게 연결되도록 커트한다.

38
눈 앞털을 빗어올려 수평으로 미간털을 정리한다.

continue

39

눈꼬리 부분의 털을 굴려 짧게 커트한다.

40

전체적으로 다시 한번 깨끗히 굴려주며 커트한다.

41

귓바퀴 라인도 명확하게 분리한다.

42

후두부와 목부분이 연결되도록 측면에서 아웃라인을 보며 컷트한다.

43
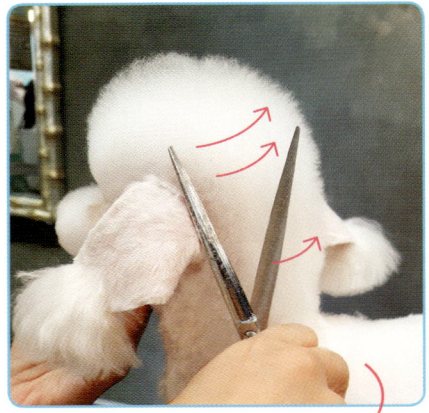
** Tip 머리를 숙이지 않고 바르게 세운 상태에서 라인을 잡아야 등선과 자연스럽게 연결할 수 있다.

44

턱부분의 털을 짧게 정리한다.

** Tip 미리 턱부분을 커트하면 얼굴컷하면서 잡을 곳이 없어 불편하다. 제일 마지막에 정리하는 편이 좋다.

45

마무리 컷 모습

46

Finish

POODLE STYLE COLLECTION

Poodle Style ④

푸들 몽키컷

몽키컷은 귀툭컷과 브로콜리컷이 합쳐진 스타일이다.
브로콜리컷에서 귀툭컷의 작고 둥근 귀를 표현한 형태로
이름처럼 특이하고 귀여운 커트가 되었다. 꾸준하게 사랑받는 스타일인
브로콜리컷에서 약간의 변화를 주고 싶다면 이 스타일을 주목해보자.

Let's start poodle grooming!

Before

이 컷의 Point *

기존의 브로컬리컷에서 귀 이미지 라인을 낮게 설정하여 귀를 따로 작고 둥글게 분리해야 귀여운 몽키컷의 느낌을 살릴수 있다. 모량이 적은 경우엔 조금 짧게 몽키컷 라인을 잡아 정수리 갈라짐을 방지할 수 있고, 머즐이 긴 경우엔 턱을 짧게 커트하고 위로 볼륨감을 주어 짧아보이게 하여 단점을 보완할 수 있다. 귀가 큰 푸들은 작아보이게 연출 가능하고 짧아보이게 입체감으로 표현되기 때문에 시선을 분산시켜 더욱 개성있어 보이는 연출을 할 수 있다.

Start !

1
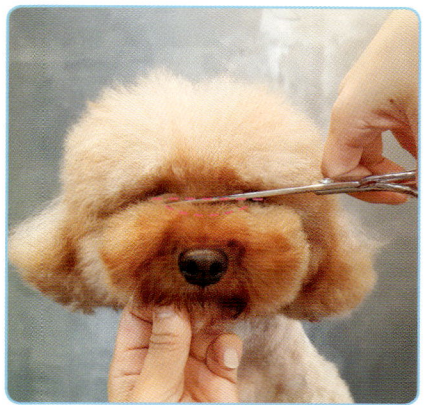
미간의 털을 표시된 부분만 코밍해 일직선으로 커트해준다.

2
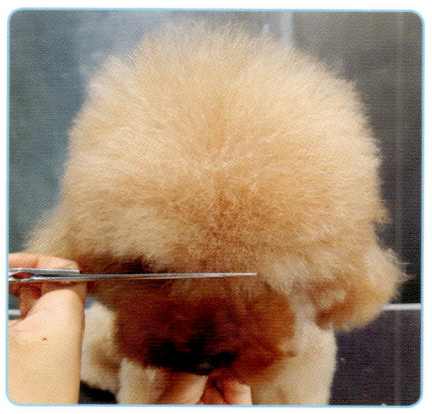
위에서 내려보며 눈앞으로 내려온 털을 눈 끝까지 둥글게 정리한다.

3
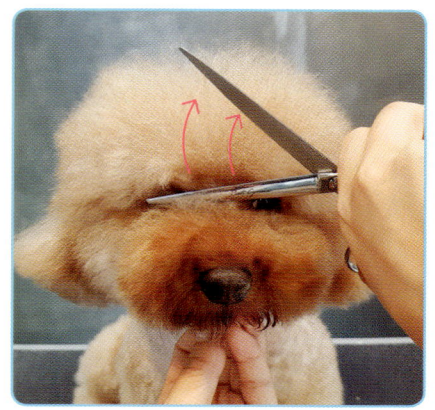
눈 앞으로 쏟아지는 털을 화살표 방향으로 굴려주며 커트한다.

4
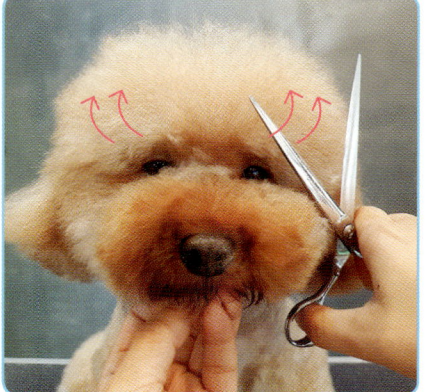
눈 옆으로 내려오는 털을 아래에서 위로 커트한다.

5
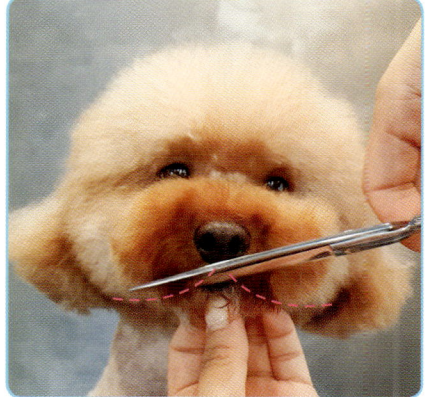
코와 입술아래로 내려오는 털을 깨끗이 커트한다.

6
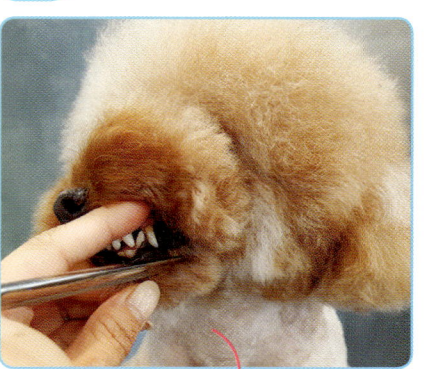
** Tip
침샘 쪽 변색된 털을 뿌리에서 짧게 커트해야 입을 벌려도 깨끗한 인상을 준다.

continue

7

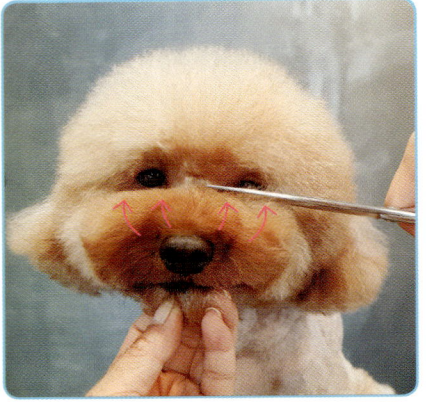

커브를 그리며 안으로 쏙 말아 넣듯 굴려 일직선의 라인의 볼륨감을 살려준다.

8

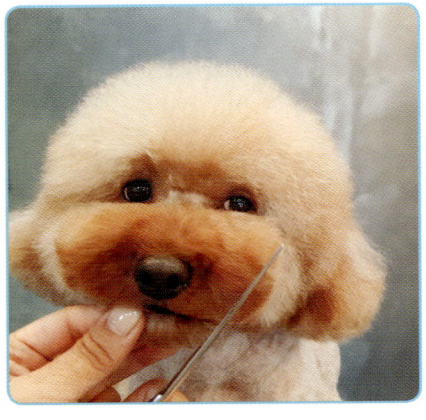

코를 중심으로 머즐의 폭을 설정한다.

9

Tip 머즐 안쪽은 깊게 분리해야 입체감을 더 강조하여 표현할 수 있다.

10

Tip 중심을 위로 주어 아래 턱을 짧게 커트하면 머즐이 짧아보이고 깨끗이 관리할 수 있다.

11

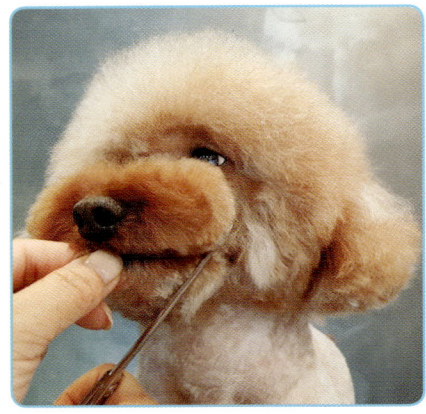

12

반대편도 같은 폭으로 설정한다.

13

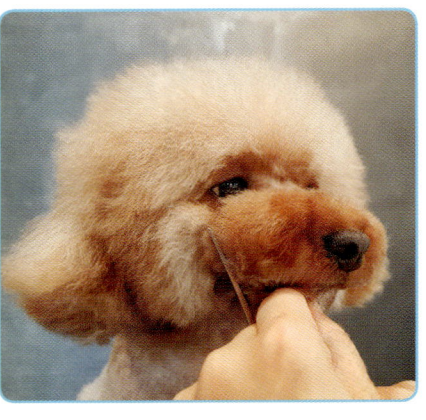

14

15

전체적으로 타원형으로 머즐의 형태를 다듬으며 완성해간다.

16

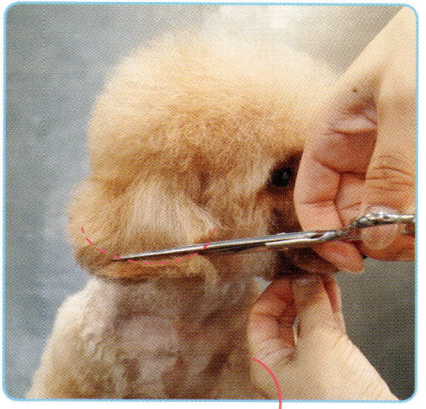

** Tip 귀 끝을 먼저 둥글고 짧게 굴려주어 밸런스를 맞추면 몽키컷 라인을 좀 더 쉽게 설정할 수 있다.

17

양쪽 좌우 대칭을 번갈아 맞춘 후 재차 다듬어야 예쁜 귀를 완성할 수 있다.

18

큰 반원의 형태로 탑 높이를 설정하여 커트한다.

19

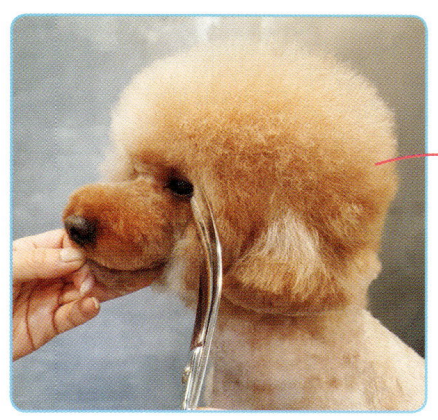

** Tip 측면에서 봤을 때 눈꼬리 쪽은 커브가위를 이용해 가리는 털 없게 굴려주면 자연스럽게 연결할 수 있다.

20

입 끝지점부터 둥글게 굴려 측면에서 둥근 형태로 만들어준다.

21

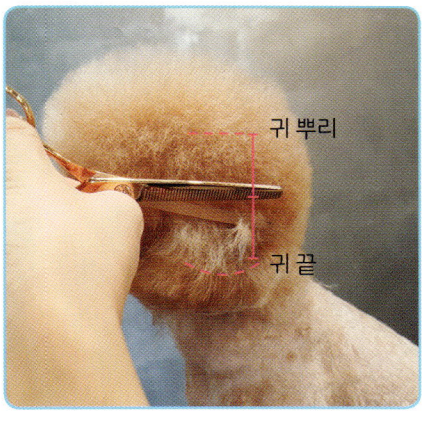

귀 뿌리와 귀 끝 1/2지점 정도에서 털을 분리하여 귀와 머리 털을 나눠준다.

22

** Tip 표시된 부분의 털이 너무 많이 잘려나가면 볼륨감을 표현할 수 없으니 신중히 숱가위로 정면을 봐가며 커트해야한다.

23

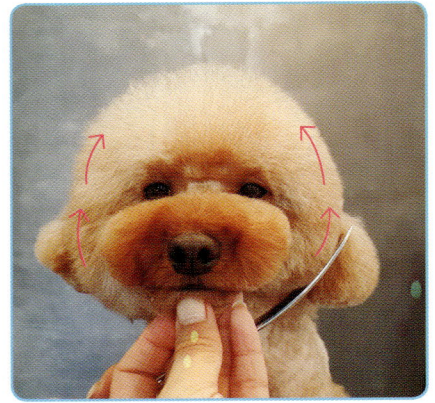

머즐의 작은 원과 밸런스를 맞추어 큰 원을 완성한다.

24

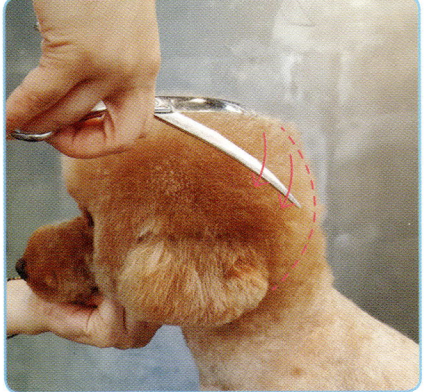

후두부도 납작해지지 않도록 굴려주며 커트한다.

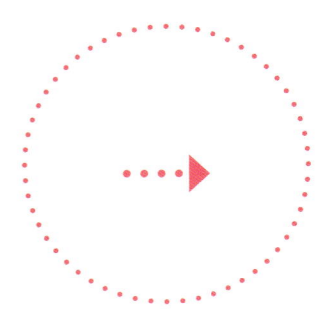

25

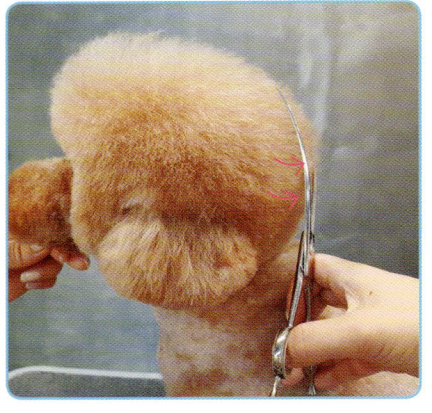

26

날 끝을 이용해 설정한 라인 아래 지저분한 털을 클리핑한다.

27

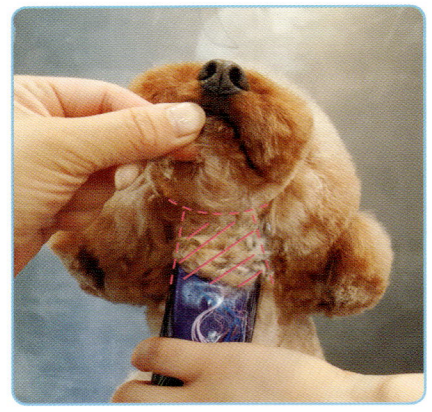

턱밑은 표시된 부분만 클리핑하여 뺨 쪽의 털이 잘려나가지 않도록 주의한다.

28

반대편도 대칭을 맞춰 같은 방법으로 커트한다.

29

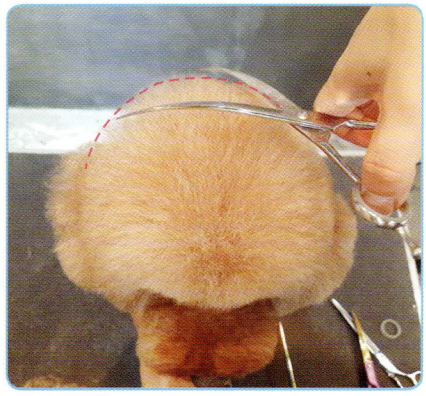

위에서 내려보면서 큰 원이 되게끔 커트한다.

30

후두부의 털을 둥글게 정리하여 준다.

전체적으로 다시 한번 다듬어 완성한다.

완성 - 얼굴

완성 - 뒷모습

Finish

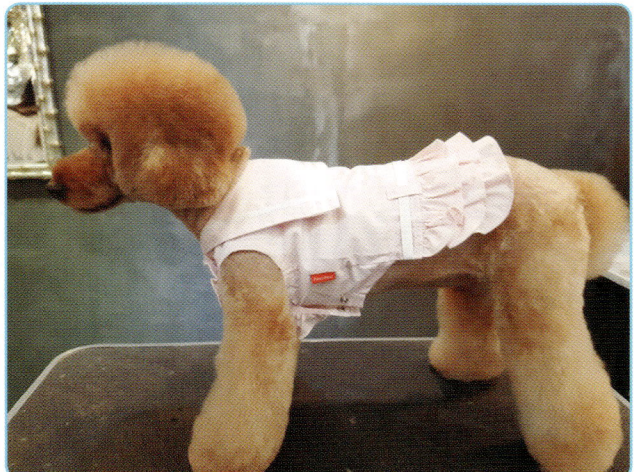
완성 - 측면

Poodle Style ⑤

푸들 짧은 캔디컷+5m엉뽕컷

엉뽕컷은 푸들의 귀여움을 최대로 어필할 수 있는 미용이다.
바디가 긴 푸들의 엉덩이에 기저귀를 찬 것처럼 커트해주면
바디가 짧아보이고 걸을 때 씰룩거리는 뒷모습이 매우 사랑스럽다.
털을 짧게 남기면 기저귀컷, 길게 남기면 엉뽕컷이라고 부르기도 한다.
사탕봉지에서 착안된 캔디컷은 귀 장식털을 풍성하게 표현하여
귀엽고 어려보이는 효과가 있어 최근 가장 인기있는 커트이다.

Let's start poodle grooming!

Before

After

이 컷의 POINT *

엉뽕컷의 위치는 체장에 따라 조금씩 변동이 되지만, 라스트리브에서 1~2cm 부터 경계라인을 잡는다. 바디는 클리퍼로 짧게 밀고 다리는 스포팅컷과 동일한 방법으로 커트한다.

Start !

1

세웠을 때 발목이 꺽이는 부분까지 짧게, 발가락 사이는 충분히 벌려 깨끗이 클리핑한다.

2

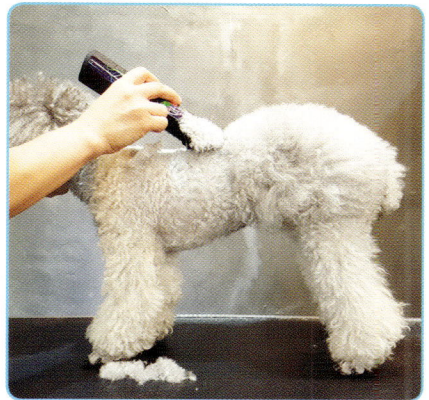

후두부 5cm 정도 아래부터 정방향으로 클리핑을 시작한다.

3

스포팅라인의 위치와 비슷한 위치에서 날을 띄워 높이를 설정해준다.

4

체장 길이에 따라 라스트리브에서 1~2cm 앞까지 경계라인을 클리핑한다.

5

앞가슴도 사진과 같은 방향으로 클리핑한다.

6

엘보를 잡고 가볍게 세운 뒤 역방향으로 클리핑하면 깔끔하다.

| 7 | 8 | 9 |

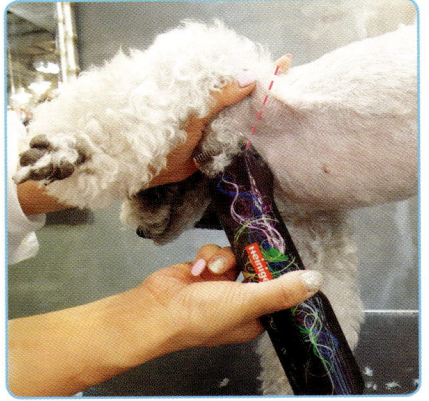  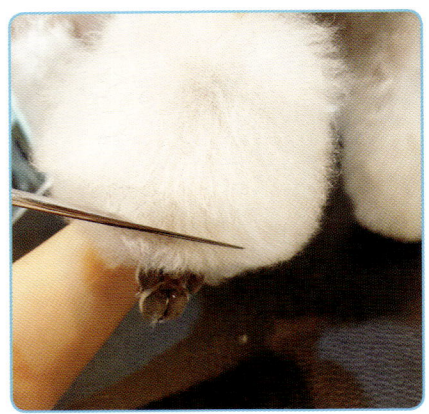

겨드랑이 안쪽 나눠지는 부분까지 클리핑한다.

베이싱, 드라이 후 엉뽕의 경계라인을 정리한다.

패드의 1cm 위로 풋라인을 설정한다.

| 10 | 11 | 12 |

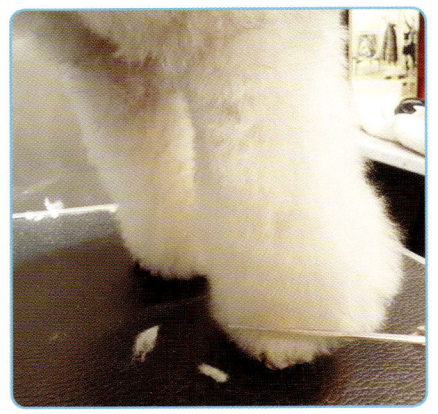 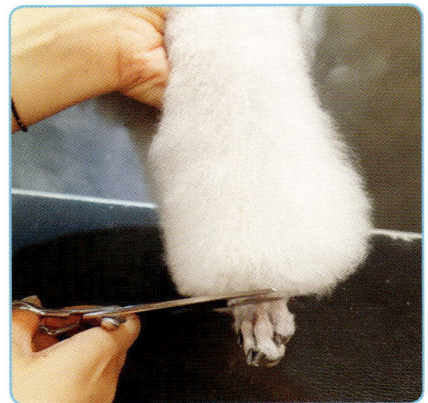 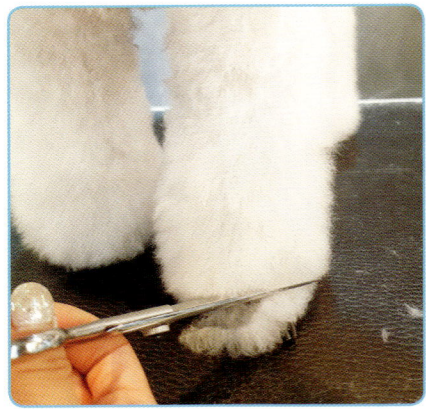

바르게 세워 발목이 꺾이는 부위에 가위를 수평으로 넣어 커트한다.

다리를 가볍게 들어 안쪽까지 정리한다.

앞다리도 같은 방법으로 풋라인을 잡는다.

| 13 | 14 | 15 |

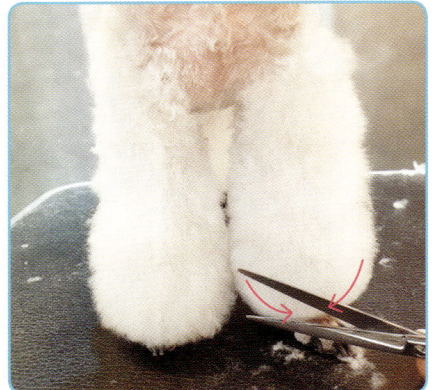 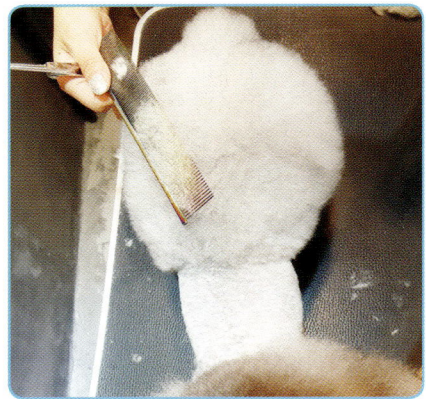 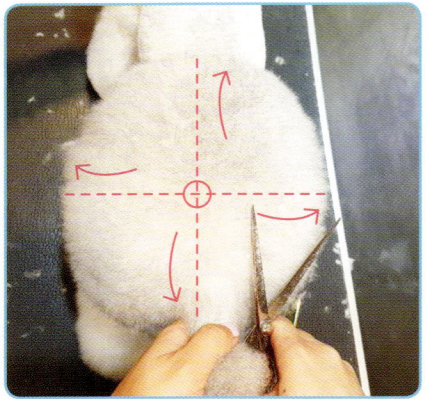

끝의 모서리를 둥글게 굴려주며 풋라인을 완성한다.

콤으로 차곡차곡 엉덩이 부분의 털을 전체적으로 코밍한다.

정점을 기준으로 원하는 크기에 맞게 사진과 같은 방향으로 진행하면 볼륨감 있게 표현할 수 있다.

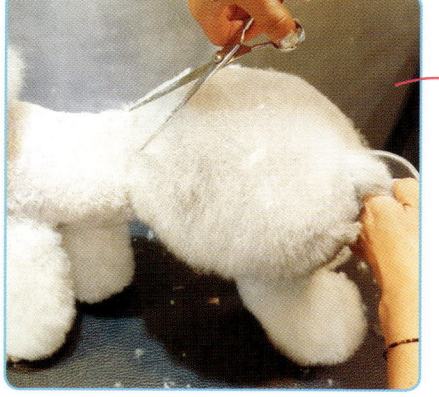

16

측면에서 보며 둥근 형태의 윗부분을 완성한다.

** Tip

위에서 내려보며 원하는 크기의 원을 설정한 후, 오른쪽 > 뒷쪽 > 왼쪽의 순서로 같은 크기의 원이 되어야 균형잡힌 엉뽕을 완성할 수 있다.

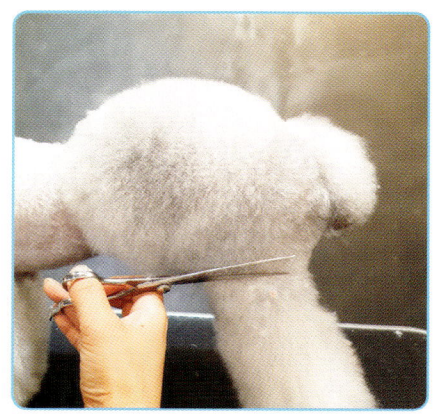

17

무릎 관절 부분을 기준으로 깊게 후지와 엉뽕을 분리한다.

18

정점을 기준으로 둥글게 위의 원과 같은 크기로 볼륨감있게 커트한다.

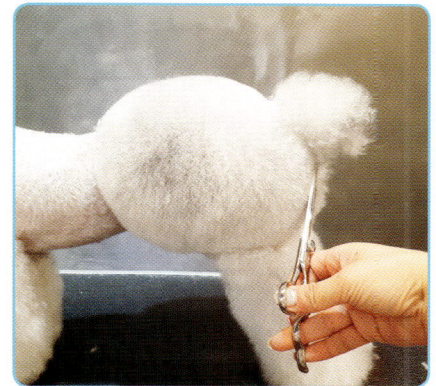

19

뒷부분의 선을 정하고 각을 없애며 굴려 준다.

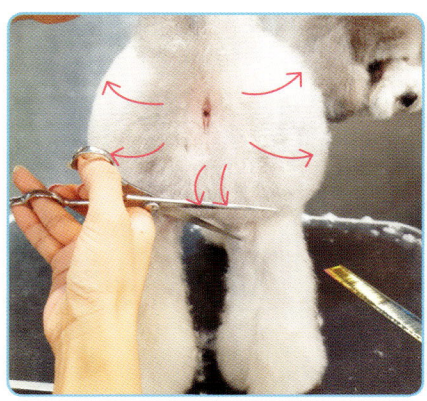

20

뒷면도 동일한 방법으로 좌우 대칭을 보며 맞춘다.

21

반대편도 전체적인 밸런스를 맞춰가며 같은 방법으로 커트한다.

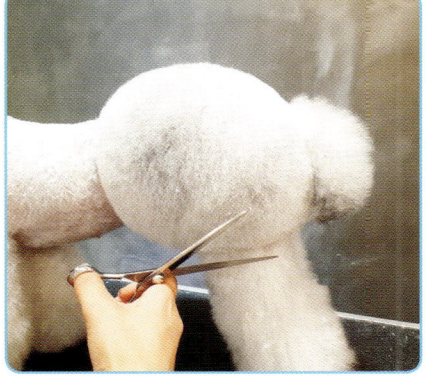

22

전체적으로 다시 한번 튀어나온 털을 다듬는다.

23

엉뽕 완성

continue

24	25	26

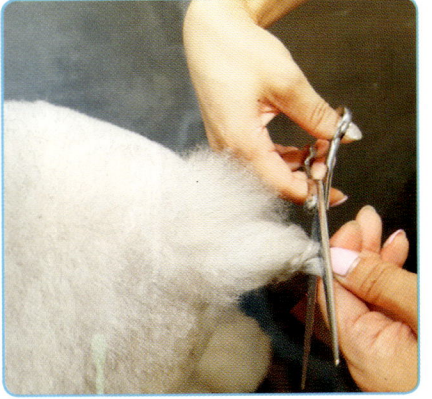
꼬리는 방울 모양으로 커트하기 위해 살짝 비틀어 길이를 정한다.

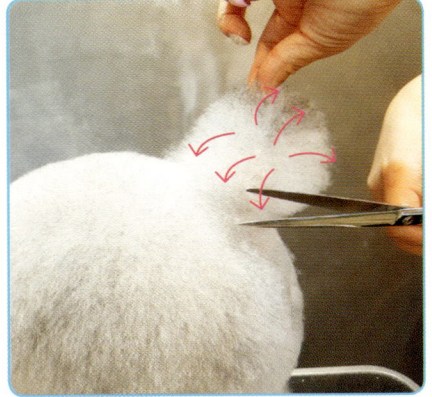
꼬리를 세워 둥글게 굴려준다.

위에서 보면 작은원, 큰원 두개가 보이도록 커트한다.

27	28	29

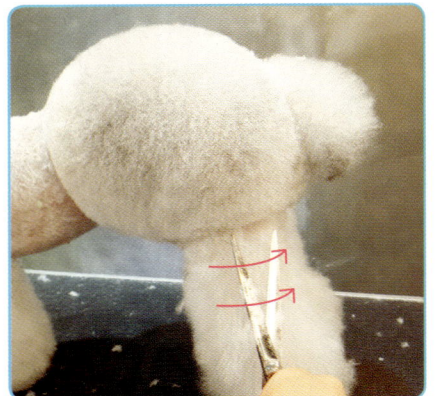
무릎 관절에서부터 서서히 길어지게 후지도 커트한다.

풋라인과 자연스럽게 연결하여 시저링한다.

30	31	32

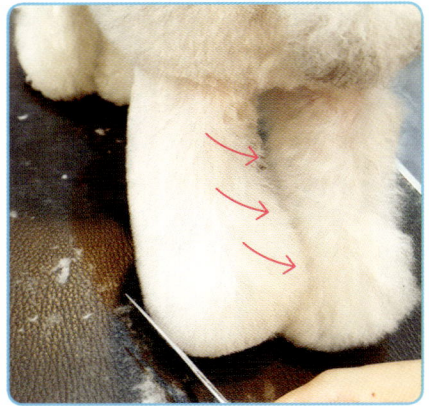
앵글레이션을 표현하며 풋라인과 부드럽게 연결해준다.

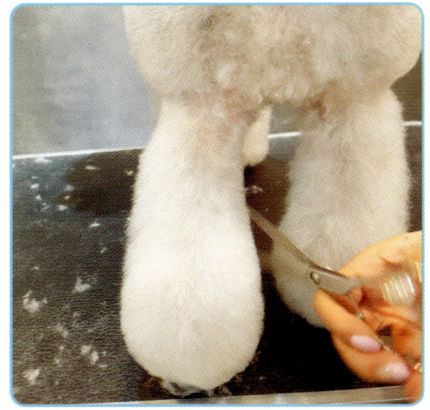
안쪽 부분도 위는 짧게 아래는 통통하게 커트하여 위에서 보았을 때 튀어나온 털 없이 깔끔한 라인이 되도록 만들어준다.

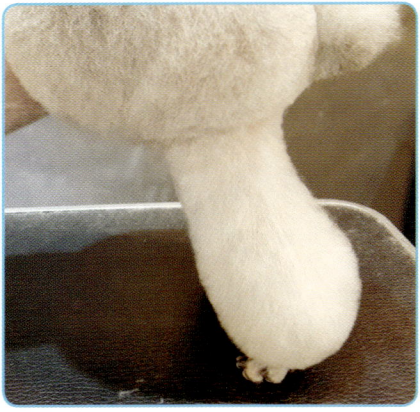
후지 완성

33	34	35
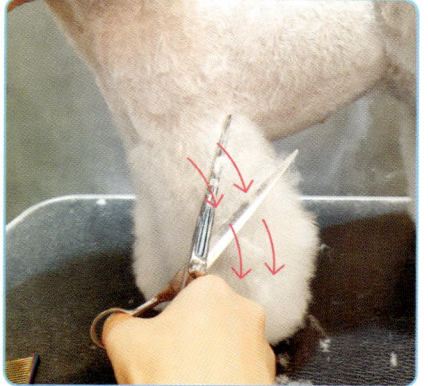		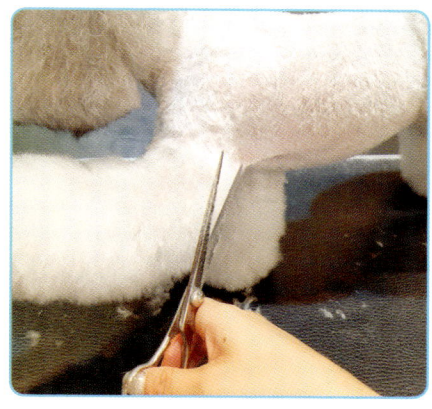
외측 털부터 바디와 자연스럽게 이어지도록 한다.	앞가슴과 전지를 명확히 나누어 일직선으로 내려 커트한다.	겨드랑이 안쪽도 다리를 들어 짧게 커트한다.

36	37	38
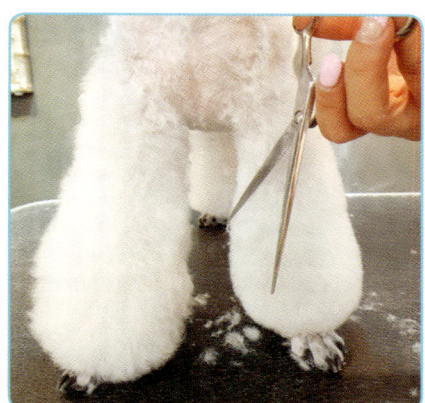	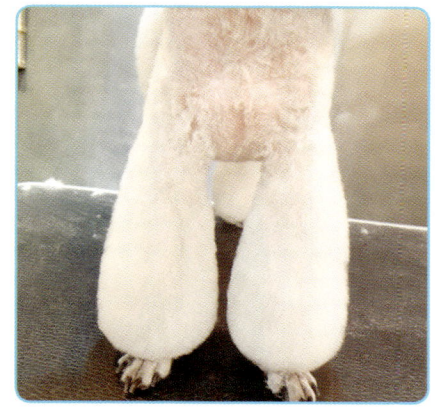	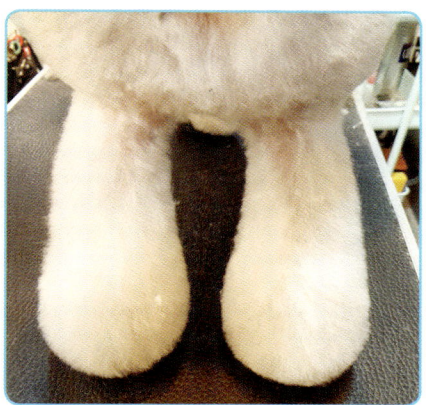
뒤집어 놓은 느낌표 형태로 다듬는다.	전지 완성	후지 완성

Tip 동글한 엉뽕에는 일자 다리보단 느낌표 형태의 곡선이 더 잘 어울린다.

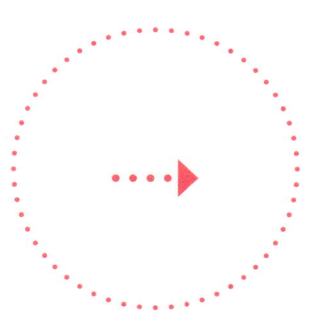

continue

Before

After

이 컷의 Point *

풍성한 귀 장식털이 포인트인 캔디컷은 머리와 귀를 명확히 나누지 않고 살짝 들어갔다 나온 느낌으로 표현해주는 것이 중요하다. 귀의 모량이 충분한 강아지에게 표현해줘야 스타일의 완성도가 높다.

Face Cut Start !

39

** Tip 표시된 선까지만 올려 수평으로 기초선을 잡아야 커트 후 머즐이 'ㅅ' 모양으로 쳐지는 것을 방지할 수 있다.

40

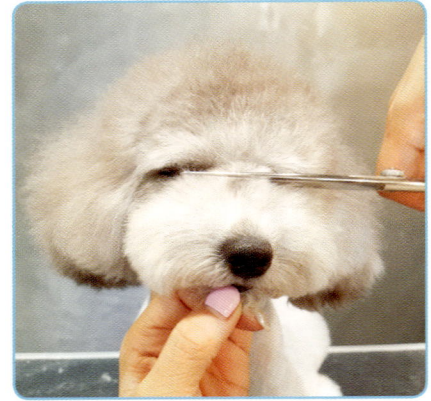

일직선으로 미간을 깨끗이 정리한다.

41

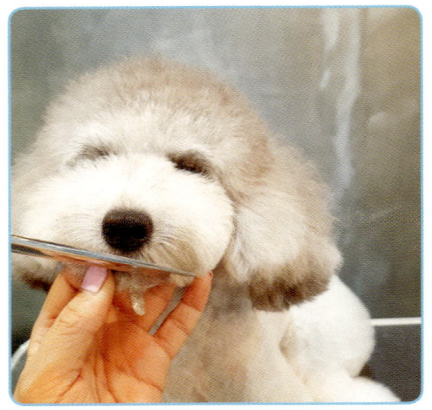

코앞으로 떨어지는 털을 정리한다.

42

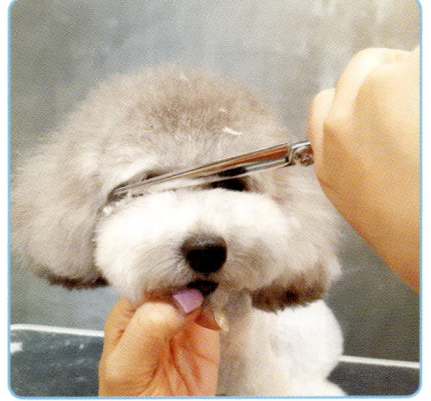

눈꼬리 2mm까지 굴려 아치형 눈매를 만들어준다.

43

이마 부분은 살짝 볼륨감을 주며 눈 앞으로 쏟아지는 털들은 정수리까지 서서히 길어지도록 커트한다.

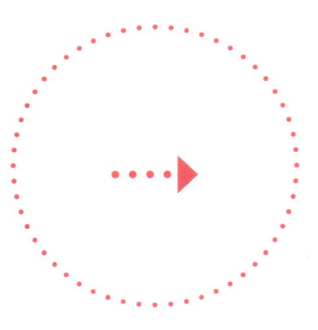

44

반원이 되도록 탑높이를 설정한다.

45

위에서 내려보며 눈꼬리부터 이미지 라인대로 머리와 귀를 뚜렷이 나누어지지 않도록 주의하며 커트한다.

46
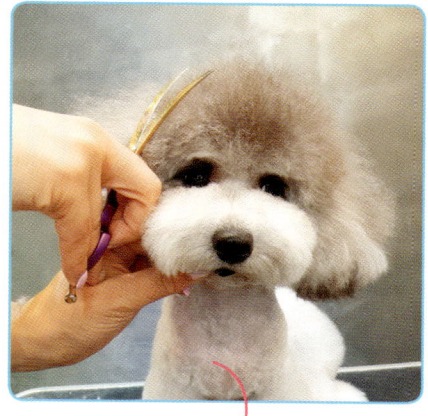
** Tip 뒤에서 귀 앞으로 밀어 귀가 올라갔을 때의 라인까지 체크해야 한다.

47
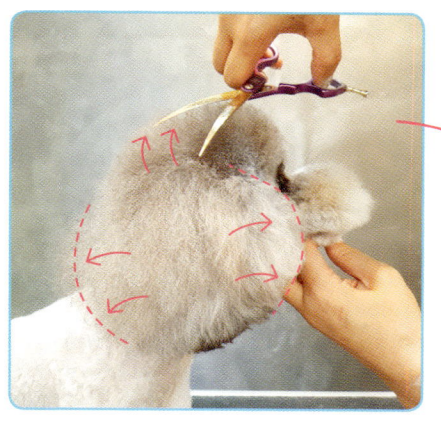
** Tip 후두부로 갈수록 폭이 좁아지게 커트하여 귀털이 풍성해 보일 수 있도록 하며 측면에서 볼때의 모습도 둥글게 보일 수 있도록 정리한다.

48

49

크라운 부분의 폭과 동일하게 머즐의 폭을 설정한다.

50
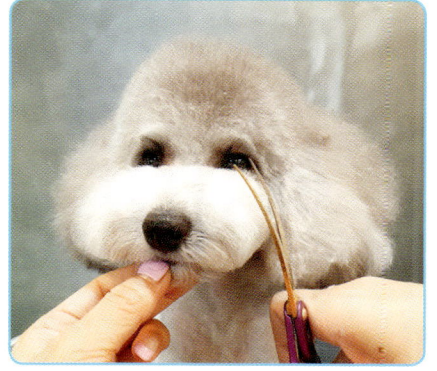
머즐의 각진 부분을 커브가위로 굴려주며 타원형 형태가 되도록 다듬어나간다.

51

귓털과 머즐은 명확히 나누어 분리해준다.

continue

52

크라운과의 밸런스를 보며 머즐의 크기를 조금씩 줄여 맞추어 나간다.

53
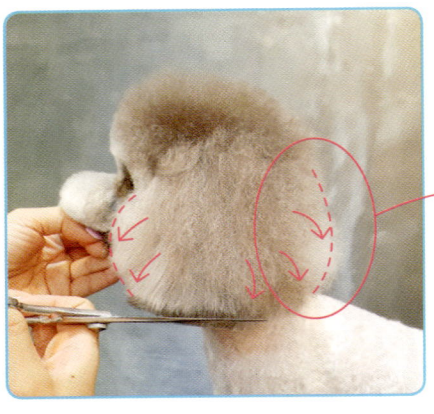
귀 장식털은 측면에서 원 형태로 커트하여 라인을 잡는다.

Tip
이 부분의 털을 최대한 살려줘야 귀를 풍성하게 표현할 수 있다.

54

탑 높이와 연결되게 반원을 그리며 후두부와 연결한다.

55

목과 자연스럽게 연결되도록 굴려준다.

56

정면에서 보며 말아넣듯이 커트하며 입체감과 길이를 설정한다.

57

캔디컷의 포인트인 귓털을 둥글게 굴려 짧아지지 않도록 반원으로 커트한다.

58

반대편도 같은 방법으로 커트한다.

59
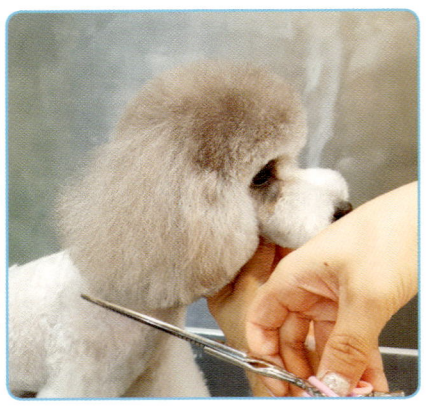

60
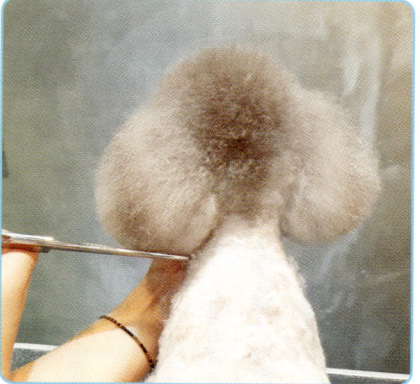

61

후두부 아랫쪽 폭을 좁게 설정하여 귀 모량이 더 풍성하게 살려 캔디컷 라인을 완성시킨다.

62

완성 뒷모습

63

64

65

Finish

Poodle Style ⑥

푸들 리본 스타일컷
+5mm A라인 스포팅

레이디가가의 리본머리를 보며 강아지에게도 스타일링을 적용시키면 어떨까 하는 궁금증에서부터 시작된 스타일컷이다. 강아지에게도 스타일을 표현해보니 역시나 사랑스럽고 개성있게 표현되어 다시 한번 애견미용의 세계가 끊임없는 도전에서부터 시작된다는 것을 깨닫는다.

Let's start poodle grooming!

Before

After

이 컷의 Point *

바디는 늘 옷을 입는 아이임을 고려하여 7F 정방향으로 클리핑 한 후 A라인컷으로 서서히 퍼지는 다리표현으로 긴 헤어와 밸런스를 맞췄다. 타원형으로 둥글게 머즐을 커트하고 리본 스타일로 머리묶는 법을 배워보자.

Start !

1

3m날 정방향으로 미근부부터 턱업까지 사선으로 1/2지점에서 수평으로 전지 높이를 잡아 스포팅 라인을 잡아준다.

2

반대쪽도 같은 방법으로 클리핑한다.

3

뺨쪽의 긴털이 밀리지 않게 조심히 나눠지는 턱선까지 클리핑한다.

4

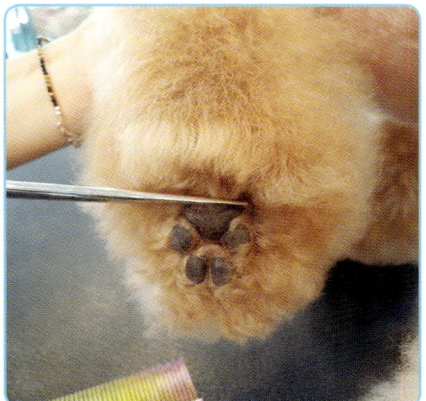

후지부터 순서대로 발바닥을 가리는 털을 깨끗이 정리한다.

5

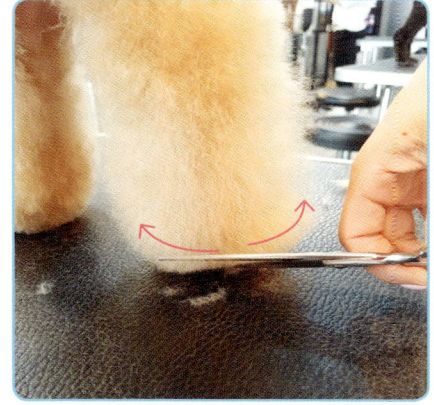

바르게 선 상태에서 둥글게 풋라인을 잡아준다.

6

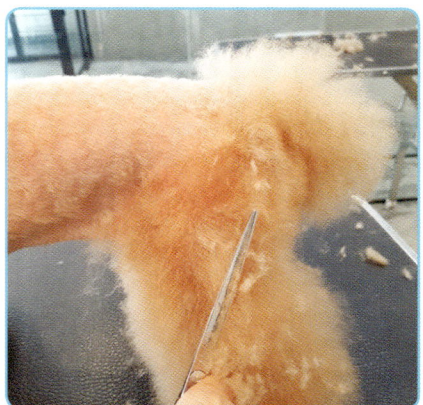

클리핑한 라인과 자연스럽게 연결되도록 짧게 블랜딩한다.

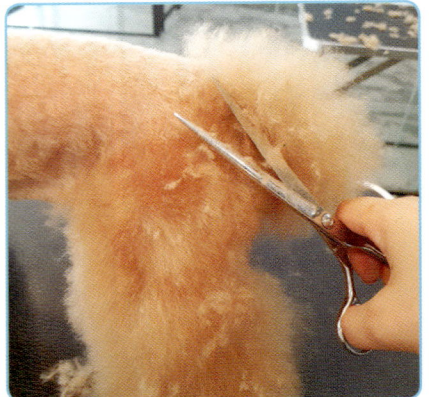

7

미근부에서 30° 각도로 기울여 최대한 짧게 앵글레이션을 표현한다.

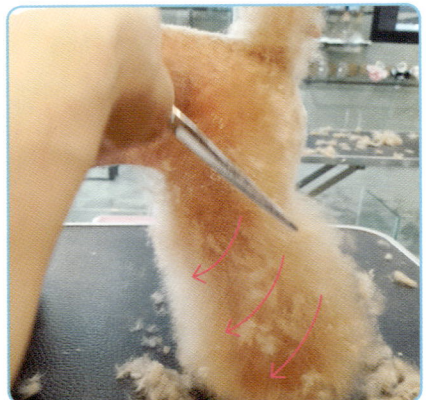

8

Tip
A라인컷을 잘 표현하려면 과하게 털을 띄우기보다는 콤으로 아래에서 위로 가볍게 살짝만 띄어 떨어지는 라인을 생각하며 커트해야 실패하지 않는다.

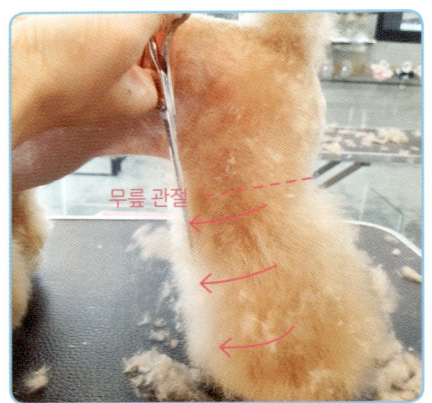

9

턱업부터 무릎 관절까지 짧게 아래는 서서히 퍼지는 스타일로 슬로프 라인을 잡는다.

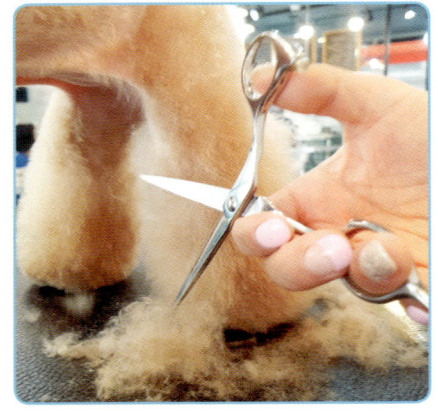

10

다리 안쪽은 사선으로 방향을 바꾸어 연결해주면 깨끗이 정리된다.

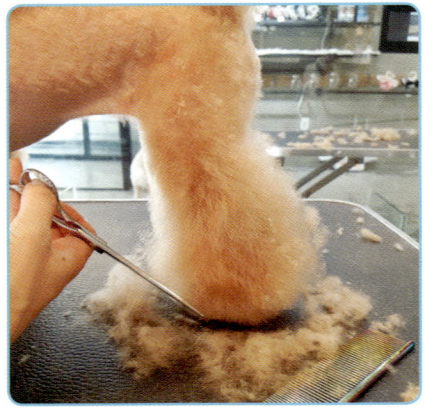

11

슬로프라인과 연결되게 크고 둥근 형태로 커트한다.

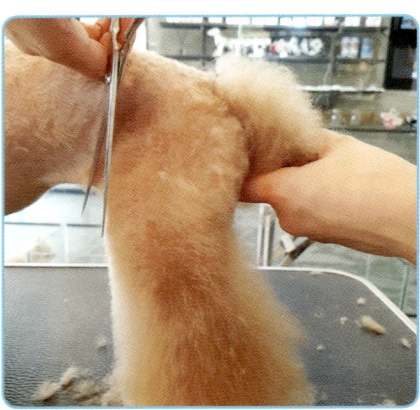

12

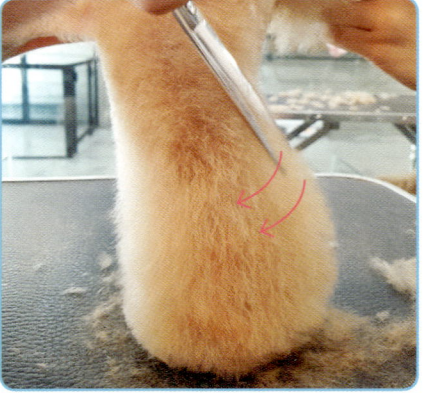

13

길이가 차곡차곡 쌓여 길어지도록 앵글레이션을 표현한다.

14

뒤에서 보며 후지 안쪽도 서서히 넓어지게 위에서 아래로 진행한다.

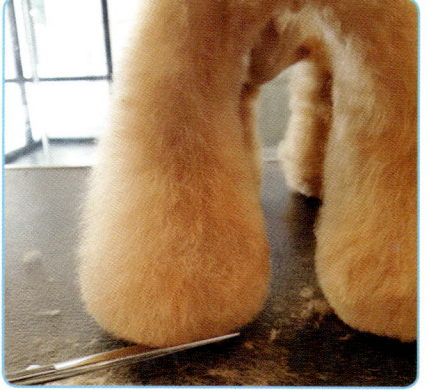
15 지면에 닿지 않을 정도의 풋라인과 아웃라인을 다시 한번 다듬어 나간다.

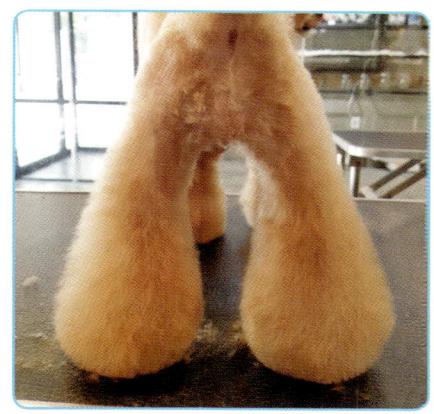
16 후지 완성 뒷모습

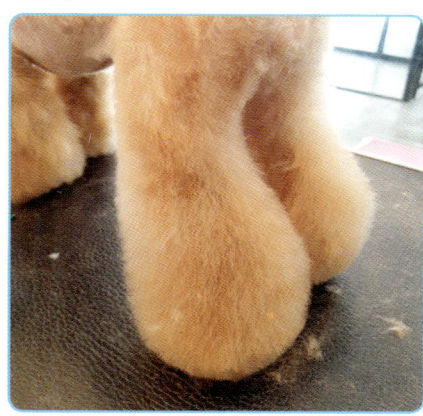
17 후지 측면

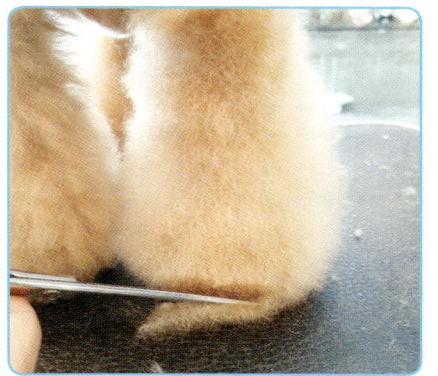
18 전지 가운데 발톱 2개를 가준으로 크고 둥글게 풋라인을 잡아준다.

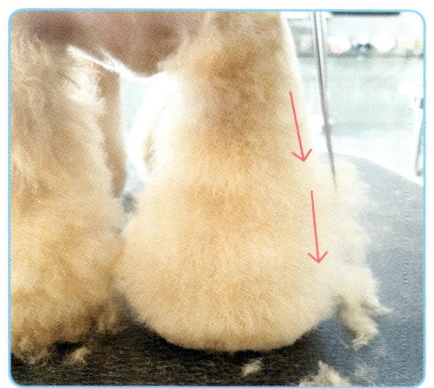
19 앞에서 보며 바디와 자연스럽게 연결하며 위는 좁게 아래는 넓게 후지와 같은 방법으로 커트한다.

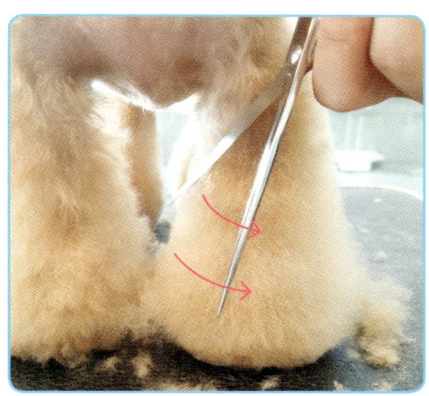
20 후지의 폭과 밸런스를 맞추어가며 다듬는다.

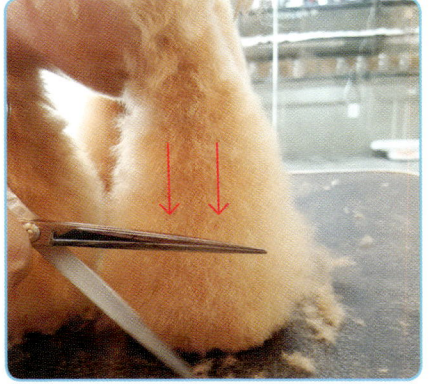
21 위에서 아래로 진행하며 풋라인까지 퍼지게 연결한다.

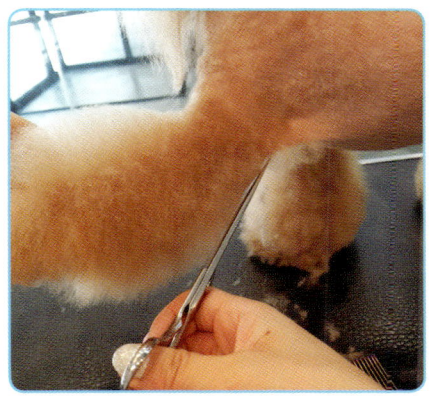
22 앞다리를 들어 겨드랑이 안쪽은 짧게 정리한다.

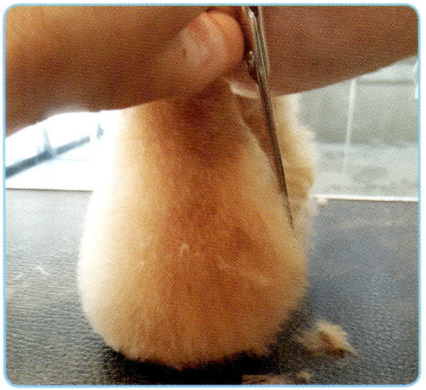
23 대문자 A형태를 연상하며 커트한다.

continue

24

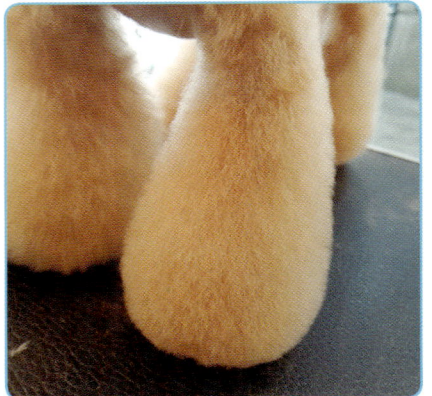

완성된 전지 모습

25

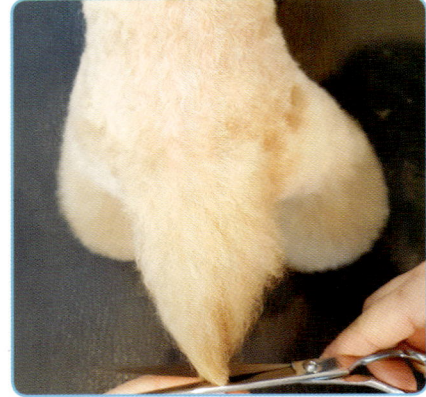

꼬리도 큰 방망이 형태로 만들기 위해 길이를 설정 후 살짝 돌려 커트한다.

26

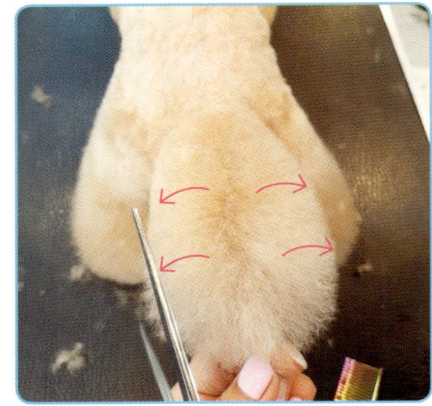

위에서 내려보며 그림과 같은 방향으로 넓어지게 커트한다.

27

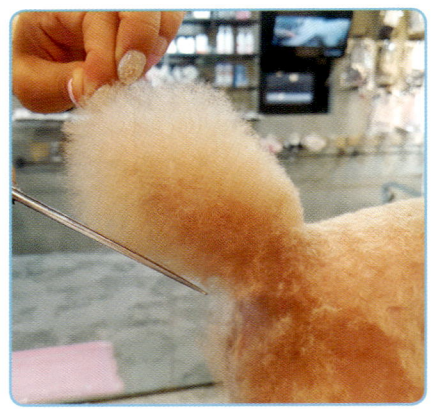

꼬리를 들어올려 아래로 떨어지는 털을 다듬는다.

28

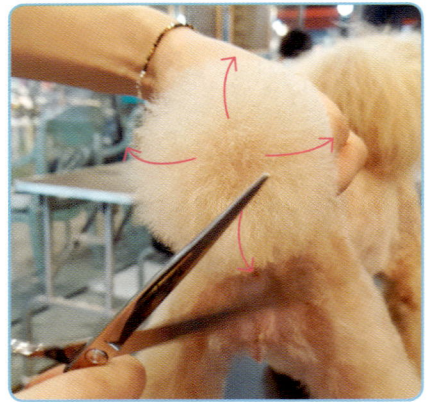

마무리로 끝부분도 둥글게 커트한다.

29

큰 방망이 꼬리 완성

30

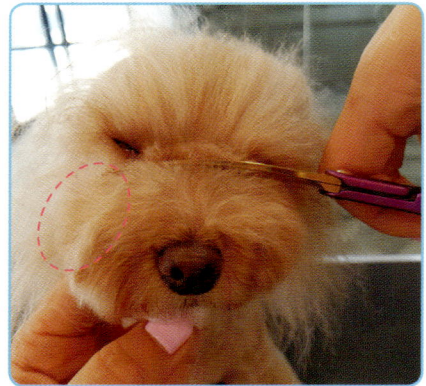

미간 주변을 수평으로 깨끗이 나눠준다.

** Tip

이 부분은 털이 쳐지는걸 계산하여 끌어올려 커트하면 안된다. 가장 마지막에 전체를 봐가며 커트해야 한다.

31

콧등의 입술의 털을 짧게 정리하면 선명한 인상을 줄 수 있다.

32
입 안으로 들어가지 않게 'ㅅ'자 형태로 라인을 잡는다.

33
위에서 내려 봤을 때 코 앞으로 내려온 털을 둥글게 뒤로 굴려준다.

34
머즐의 폭을 설정하여 신중히 조금씩 줄여나가야 실패하지 않고 밸런스를 맞출 수 있다.

35
반대편도 같은 방법으로 타원 형태로 커트한다.

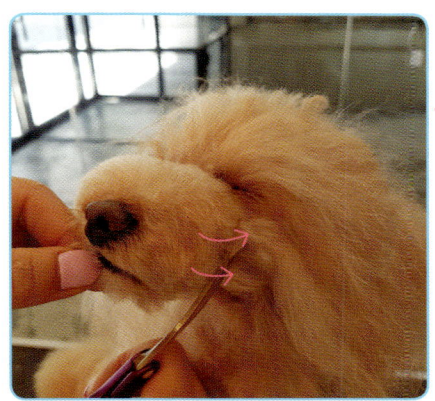
36
쏙 말아넣은 느낌으로 머즐과 뺨 털을 명확히 나눠준다.

Tip
뺨 털을 최대한 살려야 머즐이 짧아보이고 모량도 많아져 풍성한 스타일 연출이 가능하다.

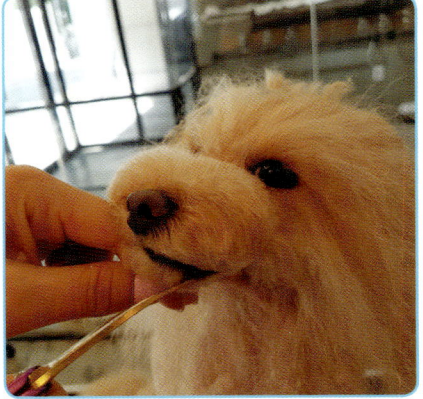
37
아랫입술 옆은 최대한 짧게 커트해서 깨끗한 라인을 만든다.

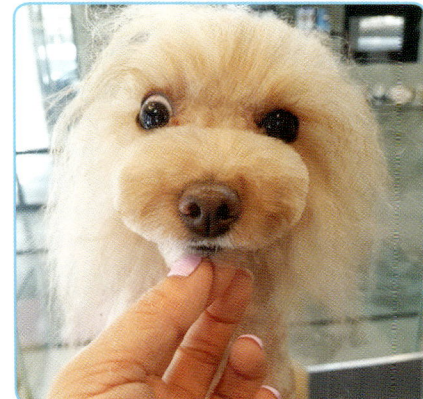
38
머즐 완성

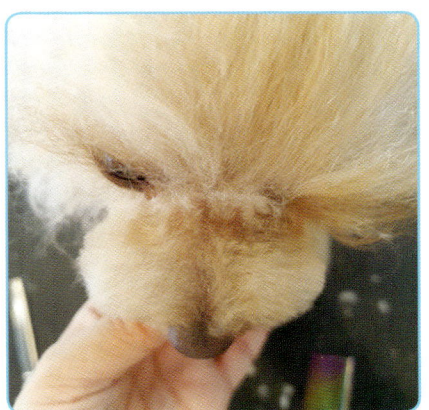
39
위에서 내려본 완성

continue

40
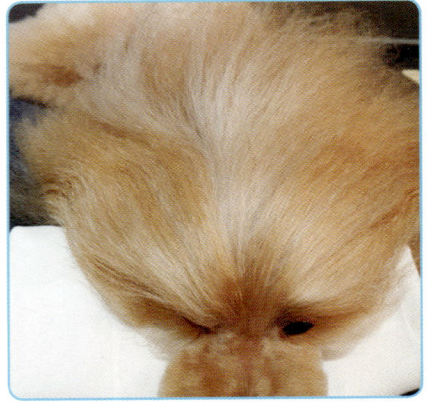
리본 묶는 법 (준비물: 고무줄 2개, 콤, 꼬리빗, 스프레이, 고정핀 1개)

41
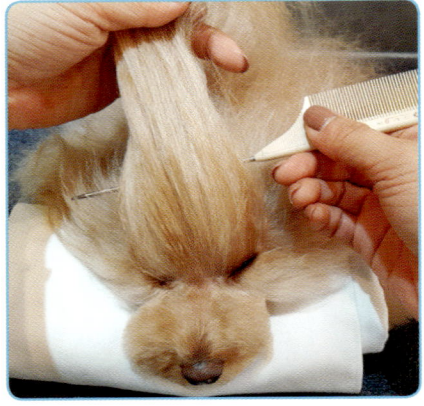
눈꼬리에서 귀뿌리 앞까지 반원으로 연결하여 털을 나눠준다.

42
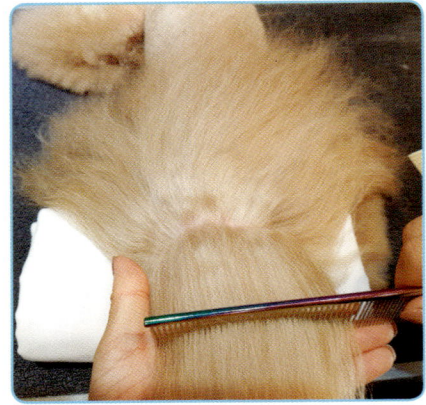
가지런히 코밍하여 결을 정리한다. (특히, 코밍이 잘되야 깔끔히 묶인다.)

43
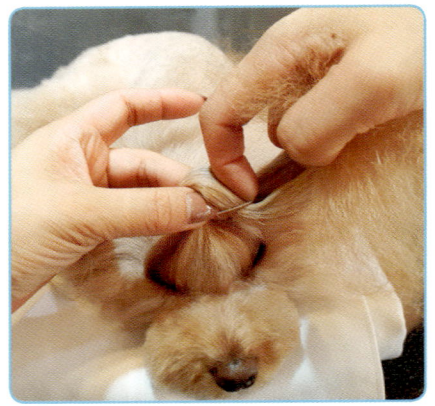
고무줄로 한개로 묶어 첫번째 밴딩을 해준다.

44
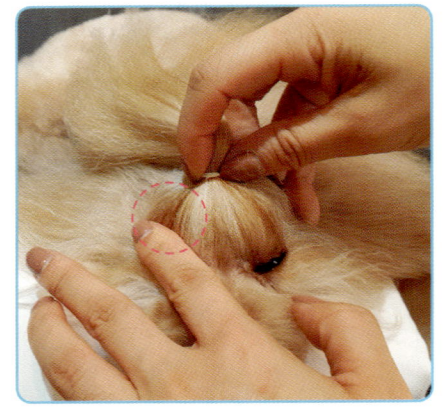
밴딩한 부분을 고정한 뒤, 눈꼬리가 당겨 올라간 부분을 내려 불편하지 않게 체크해준다.

45
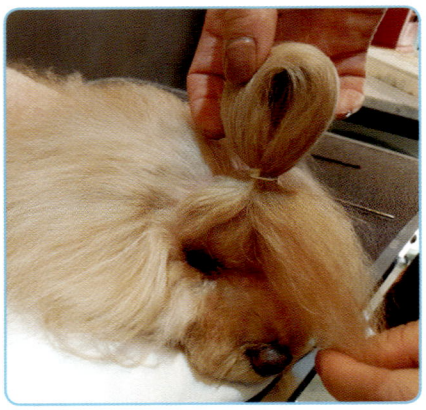
두번째 고무줄로 반 접어 앞으로 내려오도록 밴딩한다.

46

밴딩 완성

47

** Tip 밴딩이 코 끝과 일직선 상에 위치해야 리본 중심이 맞춰진다.

48
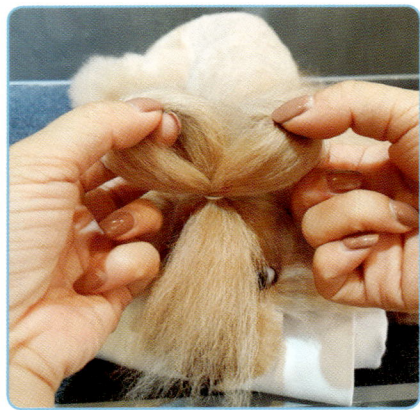
털을 반으로 나눠준다.

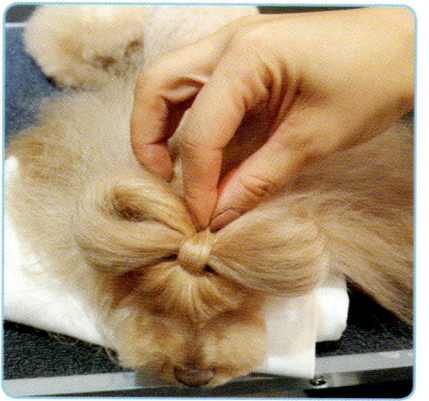

남은 끝부분의 털을 뒤로 넘겨 핀으로 고정한다.

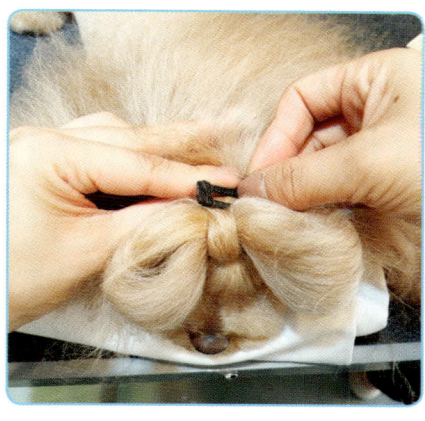

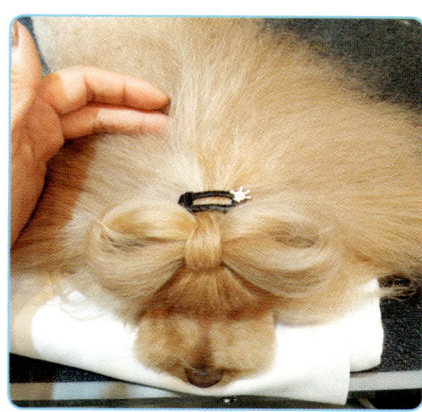

손가락을 넣어 리본모양을 볼륨감있게 만져준다.

스프레이를 눈에 들어가지 않게 소량만 뿌려 고정하여 완성시킨다.

마지막으로 턱부분은 짧게해서 위로 풍성하게 볼륨감을 주어야 1~2달이 지나도 깔끔하다.

Finish

Poodle Style ⑦

푸들 머리묶은 브로콜리컷 +큰 A라인컷

이 컷은 기존의 브로콜리컷에서 머리를 묶어 눈 앞을 깨끗하게 관리할 수 있고
눈이 더욱 커보이는 스타일로 사랑스러움으로 푸들 견주들에게 인기를 끌고있다.
다리컷 또한 머리의 털 길이에 맞춰 크게 A라인으로 커트하여 전체적인
안정감과 밸런스를 맞추어 푸들 특유의 풍성함을 돋보이게 하는 스타일이다.

Let's start poodle grooming!

Before

After

이 컷의 Point ✱

4번 정방향 스포팅 라인으로 클리핑 한 뒤, 큰 A라인으로 커트하기 위해 코밍은 가볍게 살짝만 띄운 뒤 위쪽은 짧게, 아래쪽은 서서히 퍼지는 형태로 다듬어 나가야 예쁜 라인의 A라인 컷을 표현할 수 있다.

Start !

1

앞 부분과 동일하게 4번 정방향 스포팅 라인을 잡아준다.

2
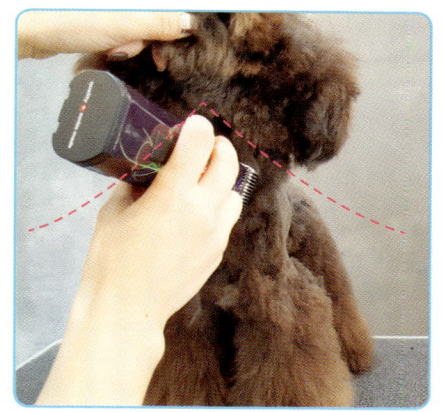
머즐 아래로 그림과 같이 'ㅅ' 형태로 목 옆부분이 잘려나가지 않게 주의한다.

3

바디 클리핑 완성

4
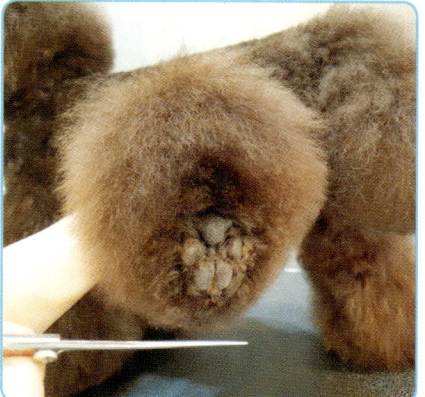
패드가 가려지는 부분만 커트한다.

5
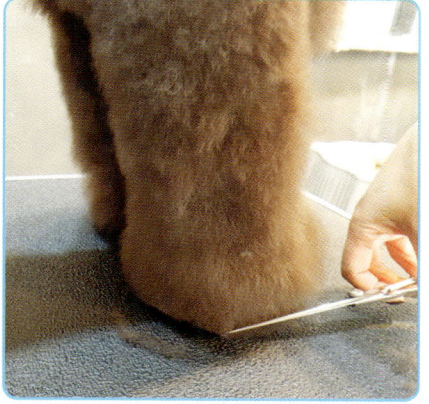
바르게 세워 풋라인을 크고 둥글게 커팅한다.

6
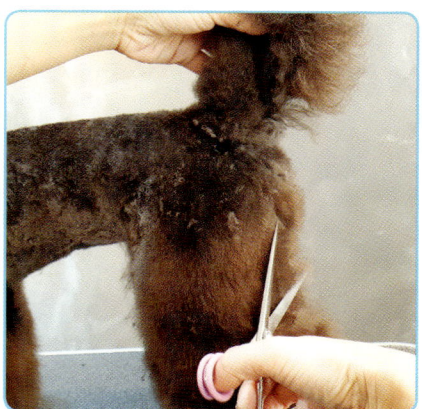
후지 위쪽은 짧게 커트하여 블랜딩한다.

continue

7
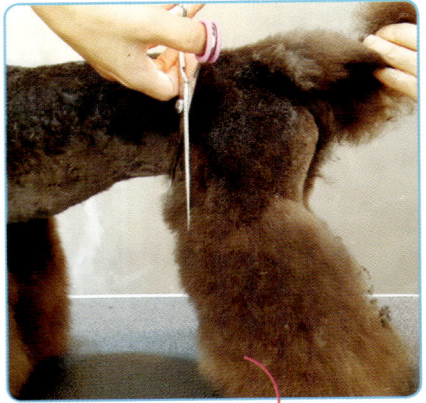
** Tip 턱업 앞을 짧게 해야 아래쪽으로 볼륨감을 극대화할 수 있다.

8
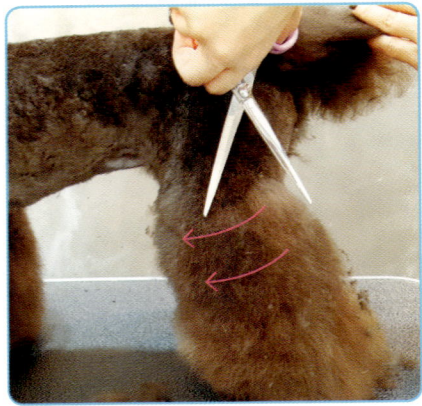
차곡차곡 쌓여 서서히 퍼지는 형태로 다듬어 나간다.

9
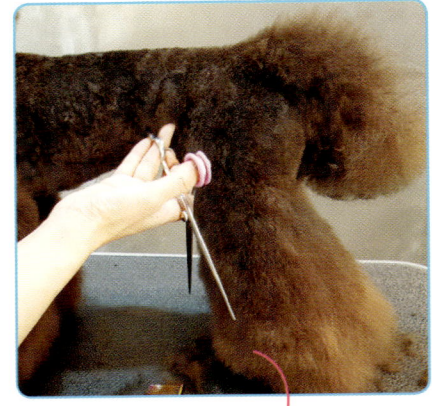
** Tip 풋라인까지 폭이 좁아지지 않도록 가위 각도가 밖으로 향하게 한다.

10
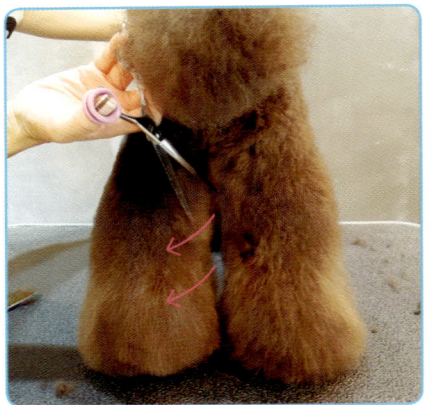
후지 안쪽도 위는 짧게 아래는 길게 연결한다.

11

** Tip 코밍은 가볍게 빗어 내려 형태를 보며 재차 폭 좁아짐을 방지할 수 있다.

12
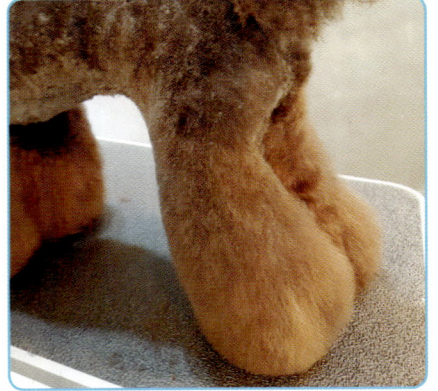
후지 완성

13
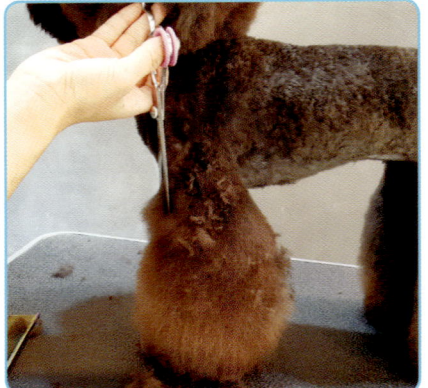
엘보 위로 바디와 맞춰 짧게 블랜딩한다.

14
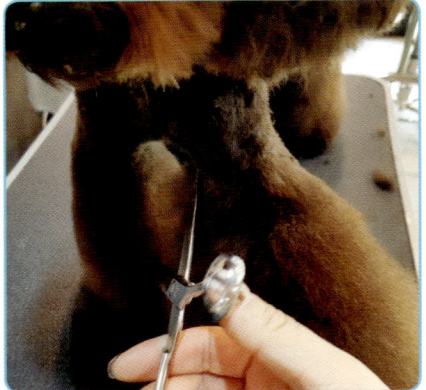
겨드랑이 안쪽은 들어서 짧게 커트한다.

15	16	17
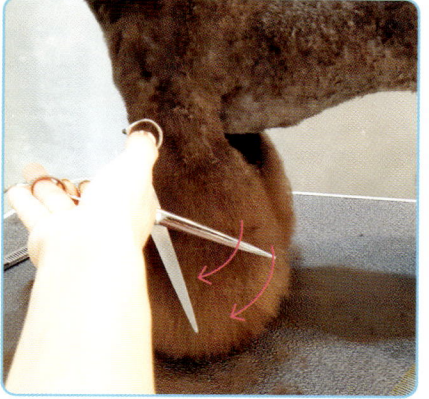	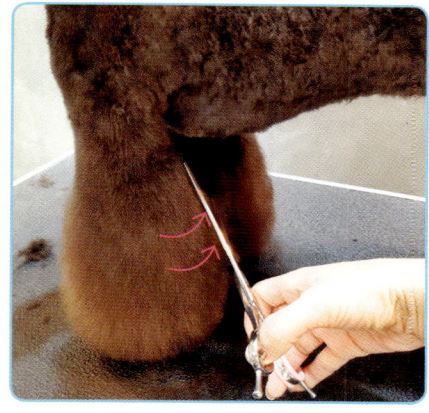	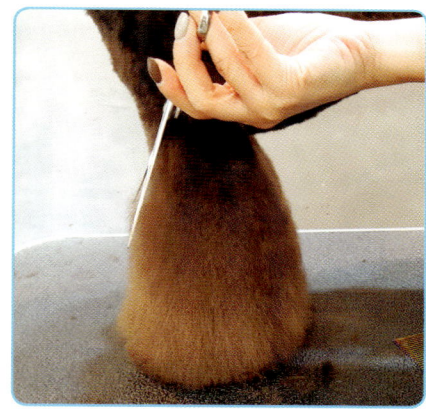
후지와 같은 두께로 밸런스를 맞춰 다듬는다.		측면에서 보며 아웃라인을 확인하며 정리한다.

18	19	20
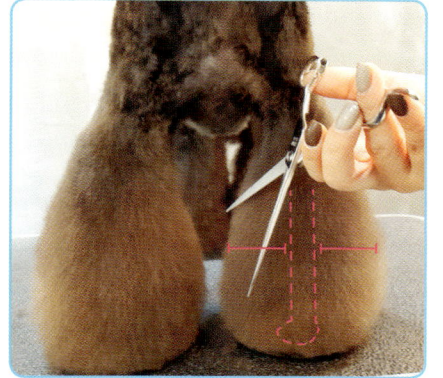		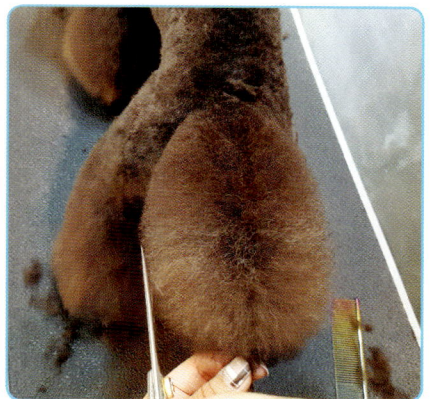
내측의 두께와 외측의 두께가 동일하도록 커트한다.	전지 완성	꼬리는 큰 방망이 형태로 아래는 좁게, 끝은 크게 하여 다리 길이와 밸런스를 맞춘다.

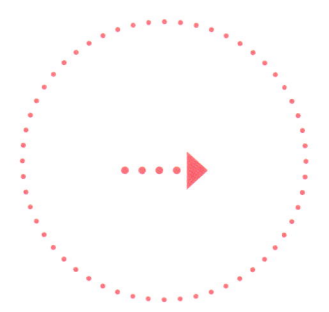

continue

Before

After

이 컷의 Point ✱

얼굴컷의 포인트는 밴딩한 머리와 귀털을 자연스럽게 연결하기 위한 가위방향과 각도이다.

Face Cut Start !

21

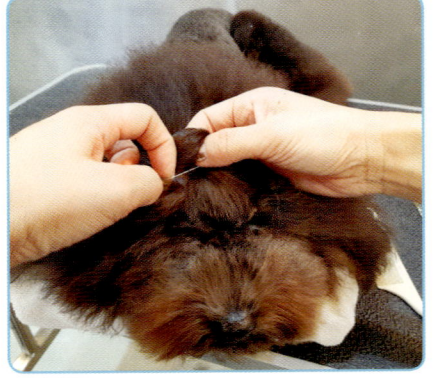

꼬리빗으로 눈꼬리부터 귀앞 1/2 지점까지 나누어 밴딩한다.

22

입 주변을 정리한다.

23

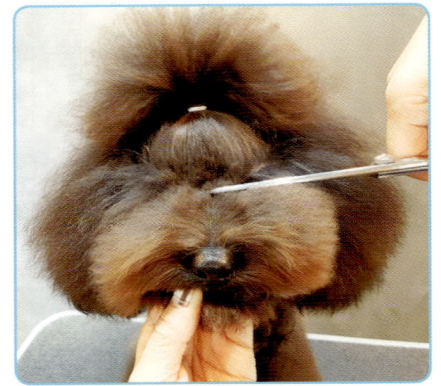

미간을 일직선으로 커트한다.

24

** Tip 예상라인보다 조금 여유를 주어 머즐의 폭을 설정한 후 굴려 다듬어 주어야 너무 작아지지 않는다.

25

입 끝 지점까지 깊숙이 커트하여 머즐을 명확히 나누어 준다.

26

반대편도 같은 방법으로 커트한다.

입 앞으로 내려온 털은 깔끔하게 둥근 형태로 굴려준다.

각을 없애며 다듬어 나간다.

턱은 짧게하여 위로 볼륨감을 준다.

나머지 지저분한 털은 클리퍼로 'ㅅ' 형태로 역방향 클리핑해도 무방하다.

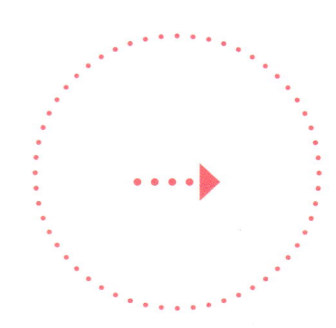

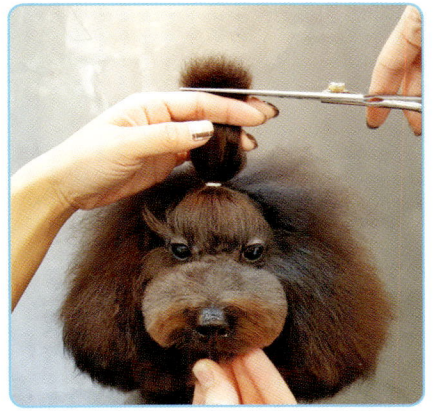

밴딩한 부분은 2~3cm 여유를 주고 커트한다.

그림과 같이 아웃라인을 설정하기 위해 펼치듯 코밍한다.

귀털이 분리되지 않도록 뺨의 앞부분에서 귀 밑선이 연결되도록 굴려 다듬는다.

머리묶은 브로콜리컷+큰 A라인컷 57

continue

35

36

반대편도 같은 방법으로 커트한다.

37
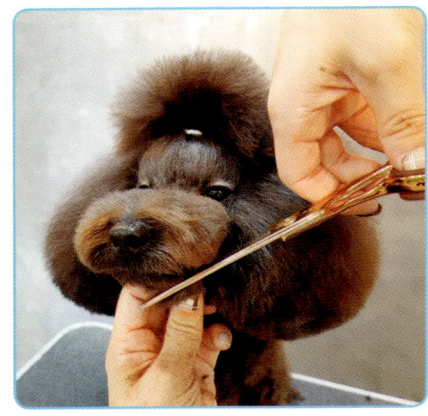

38
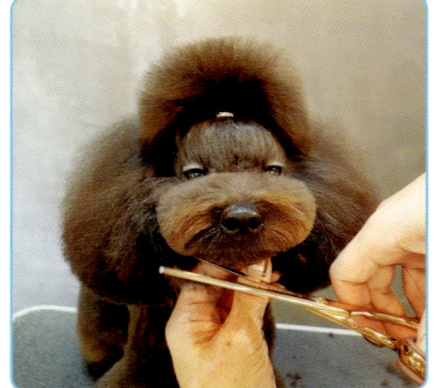

전체적으로 튀어나온 털을 다듬어
마무리한다.

39

정면의 크기와 동일한 형태로 입체감을
살리며 측면을 굴려 연결한다.

40

후두부도 전체적으로 밸런스를 맞춰
둥글게 커트한다.

41

42

43

Finish

< 알아두면 유용한 애견미용 지식 >

* 생애 첫 미용, 베넷미용에 대해 *

사람도 어린이집에서 적응 기간이 필요하듯 강아지도 마찬가지이다. 첫 미용부터 낯선 곳에서 오랜 시간동안 미용을 받다보면 스트레스와 트라우마로 남아 미용을 거부하거나 두려워하는 상황이 발생한다. 이런 상황이 발생하지 않도록 하기 위해 천천히 단계를 늘려가며 애견 미용에 좋은 기억이 남을 수 있도록 칭찬과 놀이로 부드럽게 순차적으로 진행한다.

1단계 : 위생케어 - 발바닥 항문 배 발톱 (잘 받으면 눈 앞 정리까지)
최소 3차접종후 진행한다. (항체가 다 생기지 않은 상태에서 노출되지 않도록 하기위함)

2단계 : 위생+베이싱 +드라이

3단계 : 위생+베이싱+드라이+부분미용
(강아지의 적응 반응에 따라 부분적으로 3단계를 한번 더 진행한다)

4단계 : 전체 가위컷 or 스포팅 or 1cm 이상 클리핑컷
(베넷미용이라고 짧게 피부가 드러날 정도로 클리핑해도 숱 많아진다는 이야기는
과학적으로 진실이 아니라는것이 밝혀졌기 때문에 부득이한 상황이 아니라면
절대 짧게 밀지 않는다. 강아지가 스트레스 많이 받고 피부가 예민해서 발진이 일어난다)
(5차 접종 끝나고 생후 5개월 이상부터 전체 미용을 진행하는 것이 이상적이다)

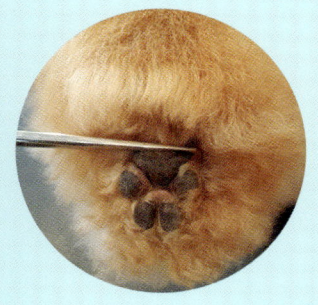

* 반려견의 발바닥 털과 발톱을 짧게 자르지 않고 방치할 경우 *

① 미끄러운 실내 바닥에서 보행 중 균형유지가 어려워 미끄러져 골절 등 부상의 위험이 있다.

② 고관절 탈구, 이형성, 무릎관절 이상, 십자인대 파열, 발가락 관절염 등 문제가 생길 수 있다.

③ 발바닥 털에 물기나 이물질로 인한 습진 등 위생상 문제가 일어날 수 있다.

④ 몸 균형이 나빠져 발바닥 이상 발육으로 염증이 생길 수 있고 보행이 힘들어진다.

Poodle Style ⑧

푸들 귀긴 브로콜리컷

머리묶은 브로컬리컷과 같이 동그랗게 머즐을 커트하지만
머리의 털을 묶지 않고 둥글게 연결하며 커트한 스타일로 풍성함과 귀여움을
강조한다. 귀가 큰 푸들에게 추천하며 모량이 적은 푸들은
표현하기 어렵다. 털이 풍성하고 길어 꾸준한 브러싱이 필요하며
미용 주기가 비교적 짧은 단점이 있지만 개성을 보여주기에는 적합하다.

Let's start poodle grooming!

Before

After

이 컷의 POINT ✱

귀긴 브로콜리컷은 눈꼬리를 자연스럽게 굴려 표현하는 것과 귀가 섰을 때 털이 튀어나오지 않게 숱가위나 요술가위로 연결해주어야 한다.

Start !

1

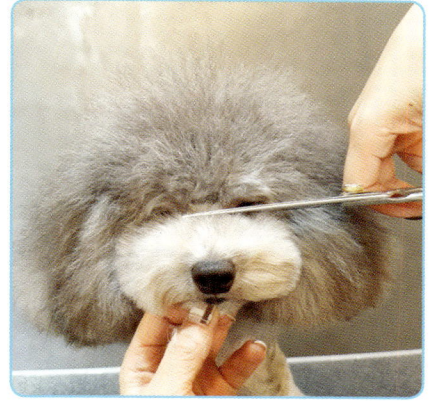

미간과 눈 주변의 털을 깨끗이 정리한다.

2

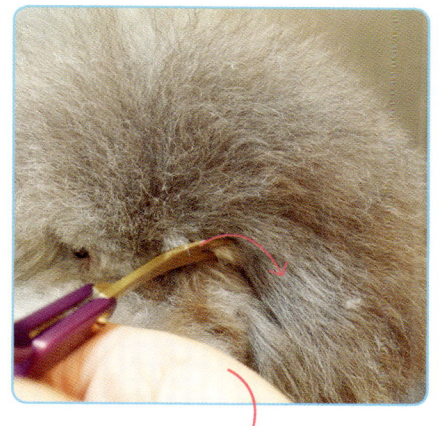

** Tip 눈꼬리 밖으로 2mm까지 가위 끝으로 자연스럽게 곡선으로 굴려 내리듯 연결해주면 부드러운 눈매를 연출 할 수 있다.

3

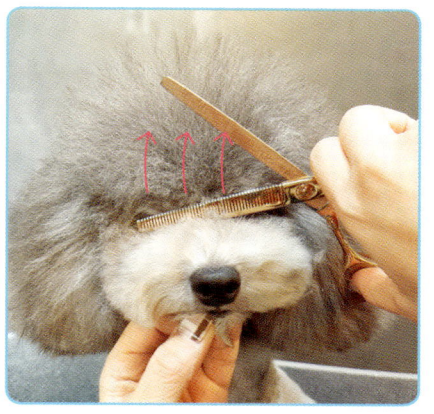

눈 앞으로 쏟아지는 털을 둥글게 연결한다.

4

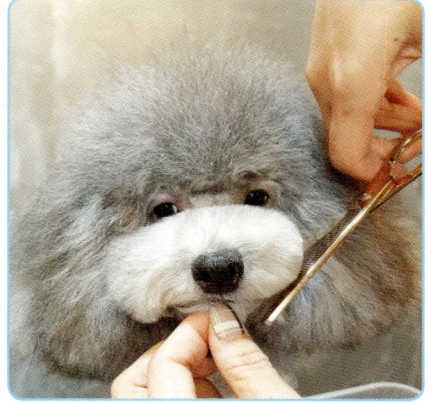

앞의 머리묶은 브로컬리의 머즐 형태와 동일한 방법으로 둥글게 커트한다.

5

6

귀긴 브로콜리컷 61

continue

7

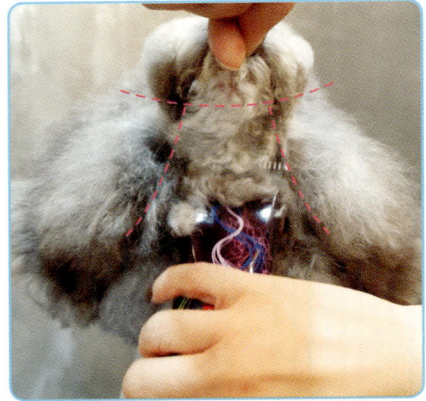

입이 끝나는 지점 아래로 지저분한 털을 클리핑한다.

8

탑 부분은 너무 낮지 않게 큰 반원으로 연결한다.

9

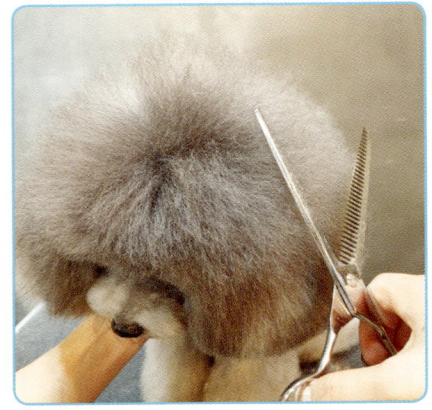

위에서 내려보며 둥글게 굴려 측면까지 연결한다.

10

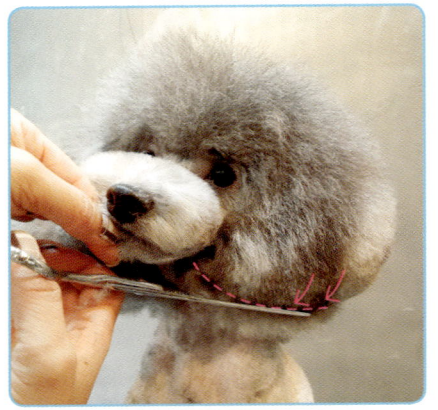

귀 끝도 쏙 말아넣듯이 굴려 밸런스를 맞춰 나간다.

11

12

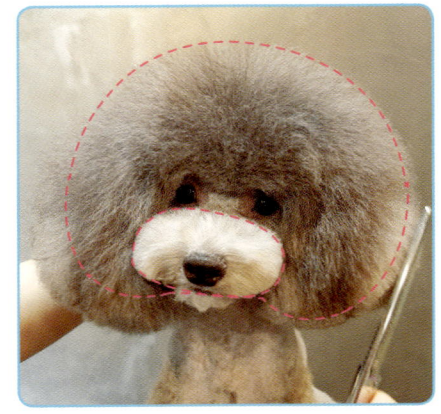

정면에서 귀를 앞으로 밀어 튀어나온 부분을 다듬어 작은 원과 큰 원의 아웃라인을 완성한다.

13

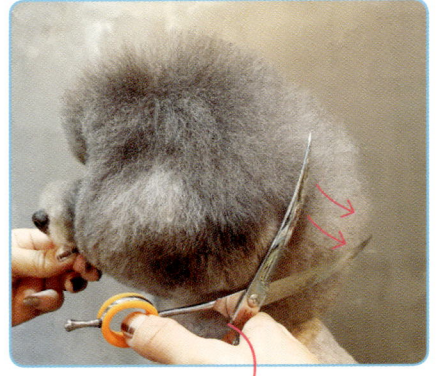

** Tip
납작한 느낌이 들지 않도록 귀 움직임과 위치를 확인하며 입체감 있게 굴려준다.

14

머리를 바른 위치에 놓고 커트해야 짧아지는 실수를 방지할 수 있다.

15

드라이 후, 재차 다듬어 깨끗한 라인을 완성한다.

16

완성- 위에서 본 모습

17

완성- 옆에서 본 모습

18
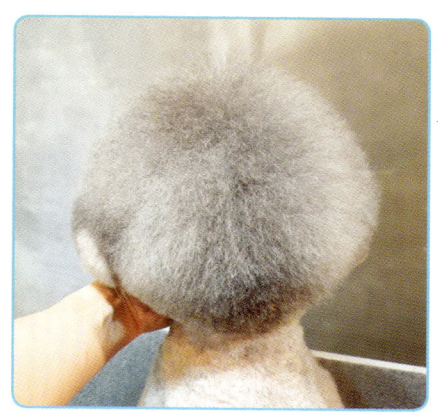
완성- 뒤에서 본 모습

19

Finish

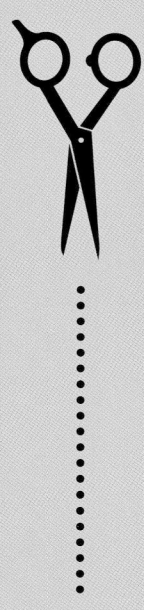

PART 2

Bichon Style

애견미용은 평생 공부이다.
매년 빠르게 변화하는 트렌드를 따라잡기 위해
견종마다 가장 예쁜 스타일을 꾸준히 연구해야 한다.

① 귀툭컷 + 1cm스포팅

② 하이바컷

③ 캔디컷

Bichon Style ①

비숑 귀툭컷 + 1cm스포팅

비숑 하이바 스타일 다음으로 가장 많은 사랑을 받고있는 귀툭튀컷 스타일이다. 기존의 하이바형태에 귀만 살짝 분리시켜 큰 하이바와 대조되는 작고 둥근 귀 표현으로 어려보이고 귀여움을 돋보이게 하는 포인트로 매력을 발산시켜준다. 갈매기형 눈매를 만들어 움푹 들어간 느낌의 입체감과 동글동글한 엉덩이 표현, 원통형의 다리 모양 포인트로 사랑스런 비숑 스타일을 완성해 보자.

Let's start bichon grooming!

Before

After

이 컷의 Point *

비숑은 푸들보다 골격이 두꺼워 다리를 가늘게 커트하지 않도록 주의해야 한다. 통통한 원통형의 전지 표현과 엉덩이에 볼륨감을 주어 둥글게 커트하는 방법과 각도를 중점으로 살펴보자.

하이바에서 귀를 작고 둥글게 나눠주는 차이가 있다. 귀 위치도 낮아보이게 설정하여 깊지 않게 분리하는 법이 이 컷의 가장 중요한 포인트이다.

Start!

1

미근부부터 턱업까지 낮지 않게 날을 띄우며 정방향으로 후지라인을 설정한다.

2
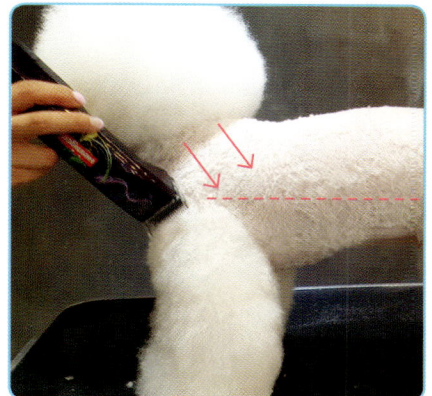
후지라인 1/2지점으로 수평으로 전지 높이를 설정한다.

3

턱밑 몸과 나누어지는 부분부터 하이바 라인과 앞가슴을 클리핑한다.

4
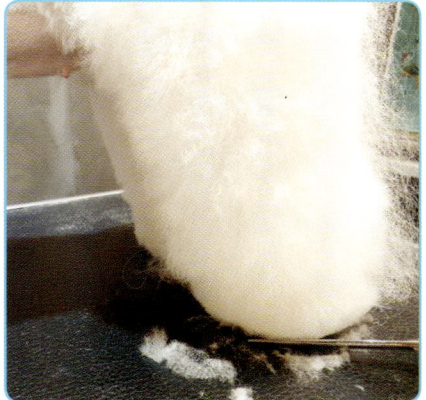
패드 가리는 털을 정리 후 바르게 세워 통통하게 풋라인을 설정한다.

5

폭이 너무 좁아지지 않도록 고려한다.

6
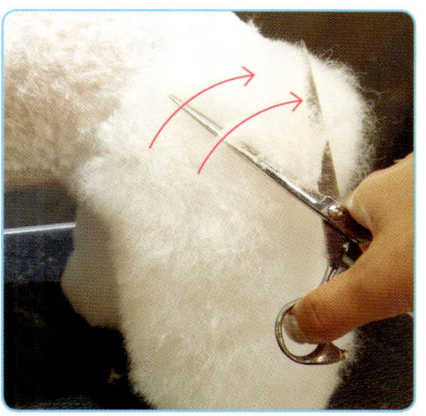
윗부분부터 바디와 자연스럽게 블랜딩한다.

continue

7
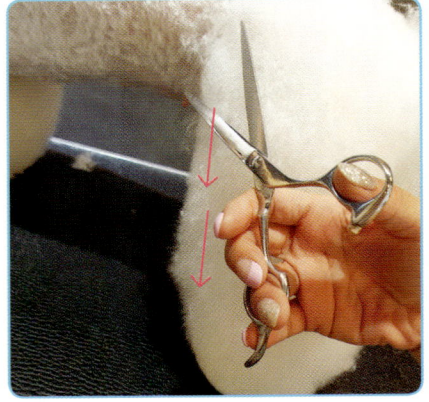
턱업라인도 깨끗이 정리한다.

8

** Tip 커트하며 긴 꼬리털이 잘리지 않도록 밴딩테이프로 감아놓으면 편리하다.

9
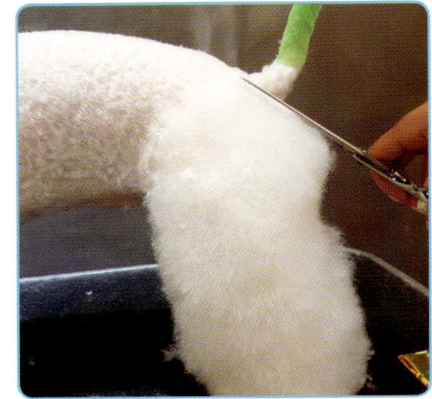
엉덩이 부분이 솟아보이지 않게 30° 정도의 각을 주어 라인을 정리한다.

10
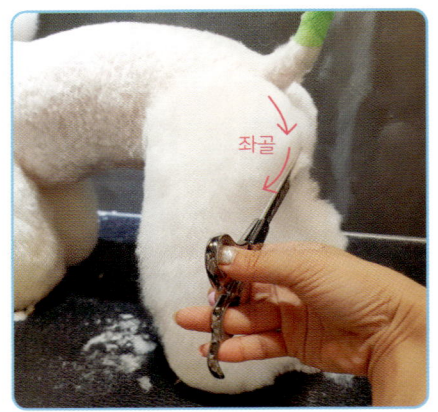
좌골을 중심으로 엉덩이를 둥글게 앵글레이션을 잡아준다.

11
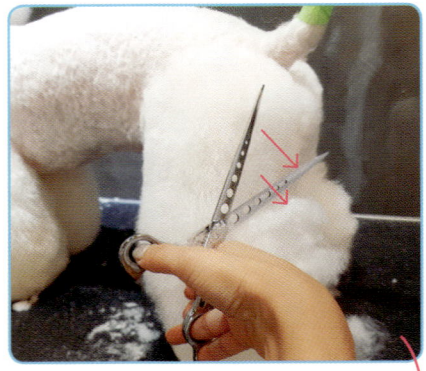
다리를 살짝 들어 움푹 들어가는 지점까지 깊게 커트한다.
** Tip 보통 다리 길이의 1/2 지점에 해당된다.

12

깊게 들어간 부분부터 서서히 나오면서 앵글레이션을 만든다.

13
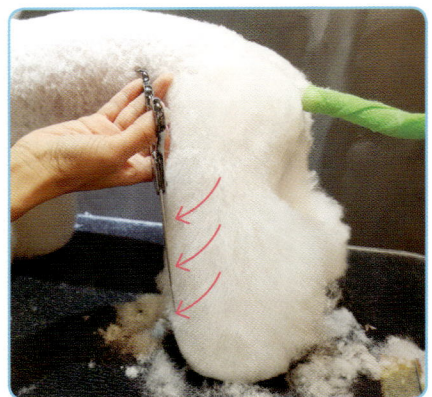
폭이 좁아지지 않도록 턱업에서 풋라인까지 연결한다.

14

측면에서 보며 폭과 두께가 일정하도록 고려하며 앵글레이션을 완성해 나간다.

15
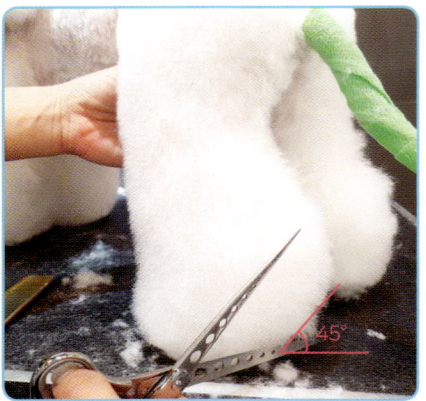
지면과 45° 각도로 굴려준다.

| 16 | 17 | 18 |

후지 내측도 측면의 폭과 비례하여 커트한다.

전체적으로 다시 한번 다듬기 한다.

(위에서 본 모습) 완성

 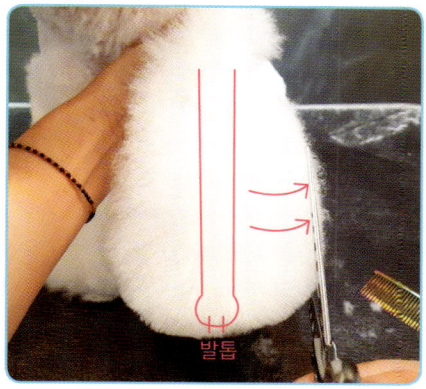 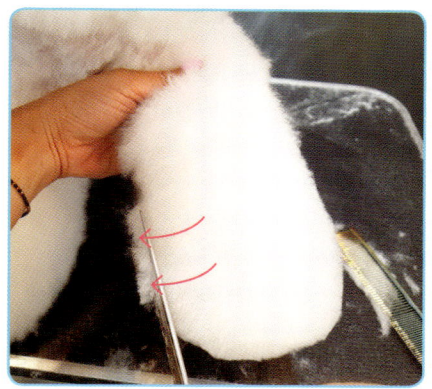

발톱 바로 앞까지 풋라인을 잡는다.

가운데 발톱 두개를 기준으로 외측 먼저 폭을 설정한다.

내측도 같은 방법으로 커트하며 좌우 두께를 맞춰 나간다.

 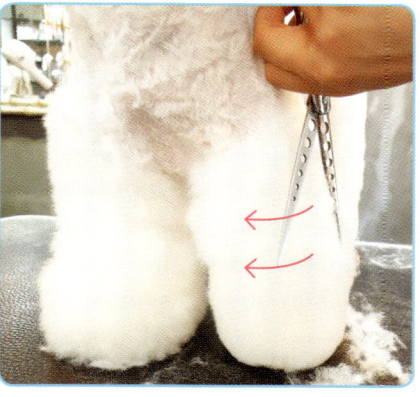 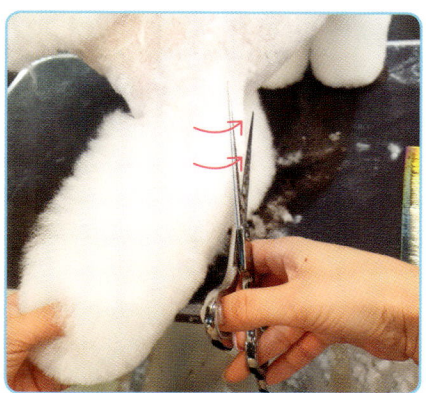

전지를 바르게 세워 바디와 폭을 설정한 곳까지 일직선으로 연결한다.

측면과 앞쪽의 각을 굴려 둥글게 커트한다.

다리를 들어 겨드랑이 안쪽도 짧게 정리한다.

귀툭컷+1cm스포팅 69

| 25 | 26 | 27 |

 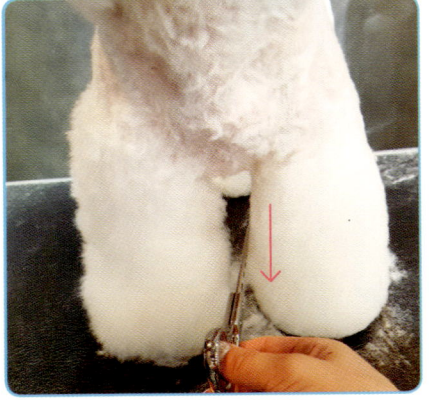 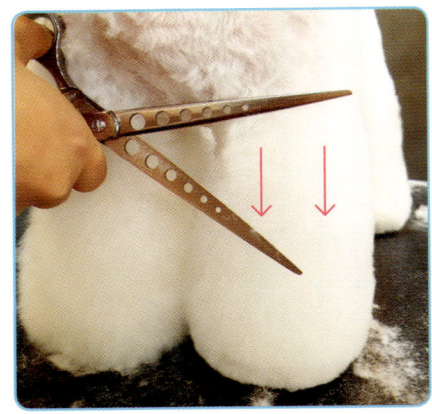

내측 안쪽도 굴리며 정리한다. | 나머지 부분을 일직선으로 내리며 원통형으로 커트한다. | 앞쪽도 발끝까지 자연스럽게 내려 연결해준다.

| 28 | 29 | 30 |

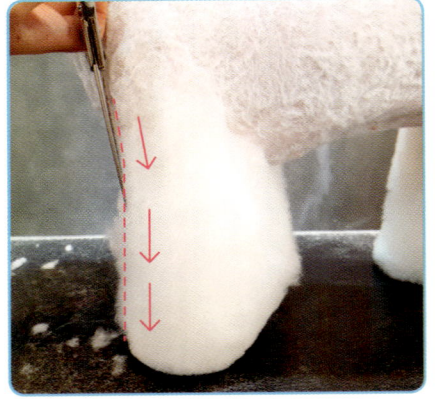 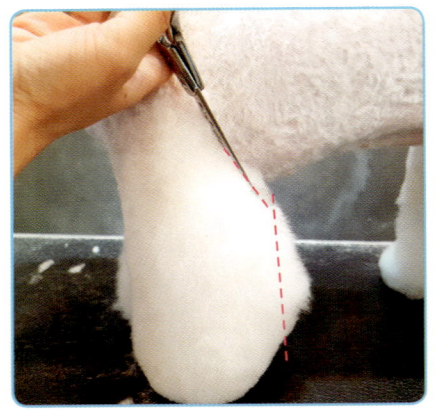 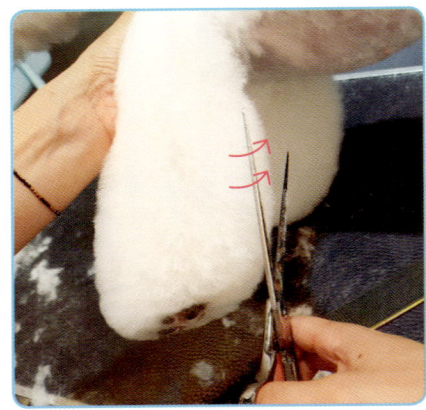

측면으로 돌려 앞가슴과 전지에 살짝만 곡선을 주며 발끝까지 커트한다. | 뒷부분도 전면의 폭과 맞춰 같은 두께로 커트한다. | 엘보 부분을 가볍게 잡고 올려 다리 안쪽을 굴려주면 깨끗한 원통형 다리를 완성할 수 있다.

| 31 | 32 | 33 |

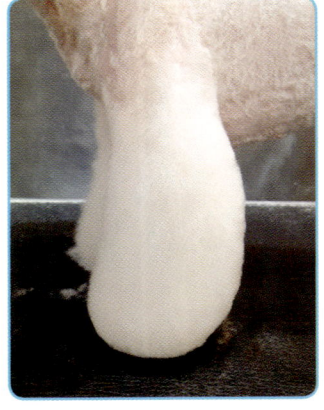 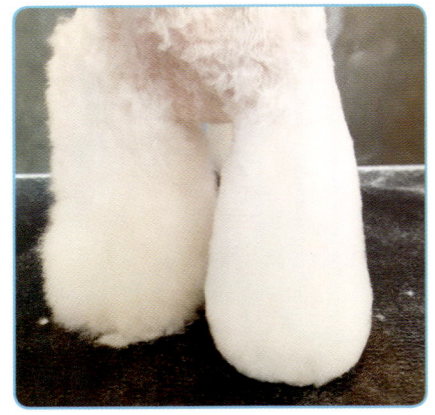 

완성 전지(측면) | 완성 전지(정면) | 바디 완성

| 34 | 35 | 36 |

눈이 잘 보이도록 깨끗히 정리한다.

스톱에서 아래로 내려오는 털을 정리한다.

아치형으로 깊게 눈꼬리 1~2mm까지 깊게 넣어 커트한다. 커브가위를 이용하면 좀 더 쉽게 할 수 있다.

| 37 | 38 | 39 |

눈꼬리 옆의 털도 커브가위로 굴리며 연결한다.

반대편도 같은 방법으로 라인을 잡아 갈매기 형태의 라인을 표현한다.

눈 주변 라인 커트완성

| 40 | 41 | 42 |

  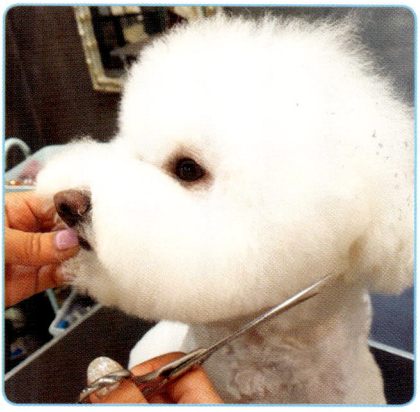

코 앞으로 내려오는 털을 정리한다.

아래로 굴려주며 연결한다.

코 끝에서 귀 밑부분까지 큰 반원으로 기초라인을 잡아준다.

continue

43

반대편도 같은 방법으로 라인을 잡아 대칭을 맞춰준다.

44

정점을 기준으로 큰 반원을 그려 귀 앞으로 이미지라인을 설정한다.

45

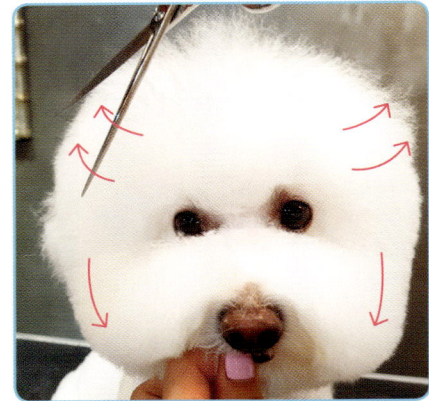

귀를 뒤집어 아래에서 위로 차곡 차곡 코밍한 뒤 둥글게 재차 다듬으며 연결해 나간다.

46

귀가 큰 아이는 최대한 바짝 커트하고, 귀가 작은 아이일 경우 1cm 정도의 여유를 두고 귀 크기를 설정한다.

47

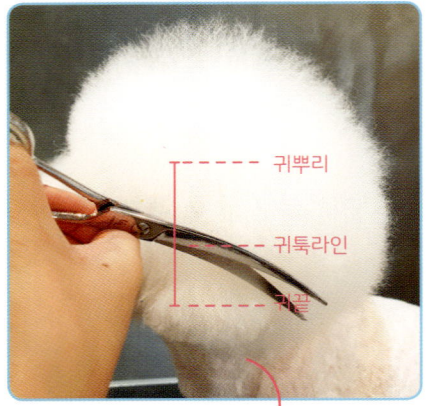

** Tip 귀뿌리에서 귀 끝까지 1/2 지점에서 귀툭 라인을 만들어 귀가 작아보이게 커트하면 더 귀엽게 연출된다.

48

나머지 부분을 폭이 좁아지지 않게 연결한다.

49

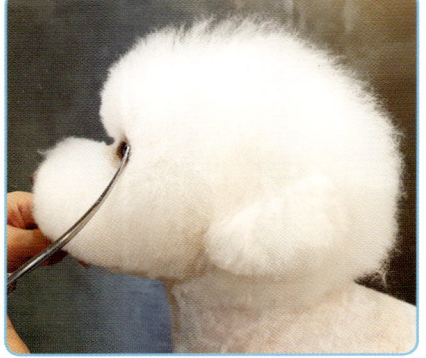

측면에서도 눈이 보이게끔 곡선으로 자연스럽게 커트한다.

50

후두부도 쏙 말아 넣듯이 곡선을 그리며 커트하면 입체감을 표현할 수 있다.

51

라인잡는 아래의 불필요한 털들을 클리핑한다.

정수리부분과 둥글게 전체적인 아웃라인을 확인하며 커트한다.

반원 형태로 귀라인을 정리한다.

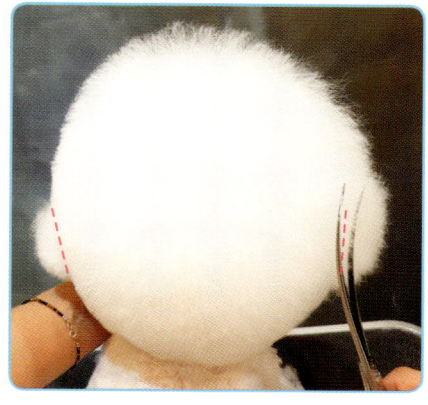
뒤에서 봤을 때도 귀 위치의 좌우 대칭을 고려하며 커트한다.

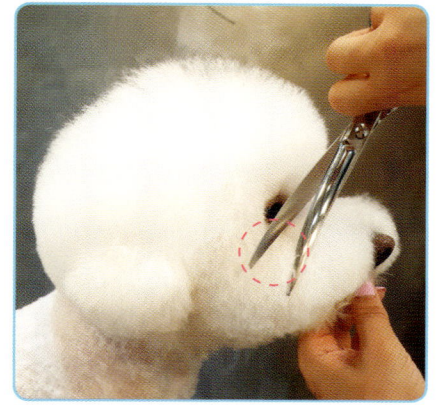
표시된 부분은 커브가위를 뒤집어 살짝 들어갔다 나오듯 커트하면 층지지 않고 자연스럽게 연결할 수 있다.

정면에서 다시 한번 좌우 밸런스를 맞춰나간다.

턱은 너무 짧아지지 않게 고려하며 커트한다.

아래에서 봐도 둥글게 연결하며 완성해 나간다.

측면 완성

정면 완성

Bichon Style ②

비숑 하이바컷

미용을 위해 찾아오는 견종들 중 비숑은 푸들과 함께 1위를 차지할 정도로 비중이 높다. 하이바컷은 비숑에게 있어 매우 상징적인 커트이다. 풍성하고 둥그런 하이바에 까맣고 깊은 보석 같은 눈에 앞으로도 많은 사람들이 그 매력에 빠져 비숑의 인기는 더더욱 높아질 전망이다. 비숑 커트는 많은 기술이 요구되는 스타일로 각기 다른 생김새나 모질에 따라 하이바컷을 예쁘게 표현하는 법은 여전히 어렵고 힘든 숙제이다.

Let's start bichon grooming!

Before

After

이 컷의 Point *

모량이 많고 머즐이 짧은 비숑은 하이바 스타일이 잘 나오지만 모질이 가늘거나, 모량이 없는 경우, 또는 귀 위치가 앞이나 위로 너무 쏠린 경우, 머즐이 긴 경우에 따라 커트 방법이 조금씩 달라진다. 정면에서 볼 때 귀가 파묻힌 느낌이 나도록 귀 부분을 커트하는 법과 비숑만의 특징인 갈매기 눈매 표현에 중점을 두고 살펴보자.

Start !

1

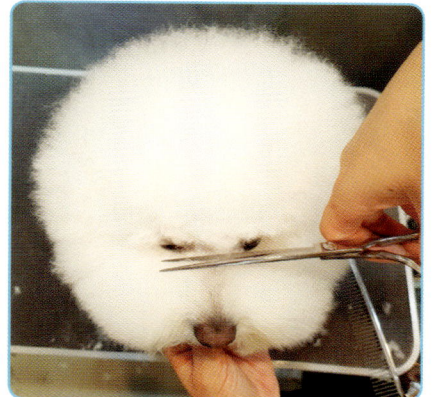

미간의 털을 깨끗이 정리한다.

2

가위를 스톱에 대고 45° 기울여 눈 끝 쪽으로 둥글게 굴리며 내려오는 털을 커트한다.

3

** Tip 아치형 눈 모양대로 눈꼬리 바깥으로 1~2cm까지 깊게 파주어 눈이 움푹 들어가있는 느낌으로 커트한다.

4

위에서 내려다본 정리된 모습

5

눈 끝 측면의 털도 굴려주되 너무 많이 잘리지 않도록 주의한다.

6

콧등과 입술의 지저분한 털을 깨끗이 정리한다.

`continue`

7

입에서 사선으로 떨어지는 털들을 커트한다.

8

** Tip 비숑은 모량도 많고 굵은 편이기 때문에 촘촘한 콤보다는 조금 넓은 콤으로 뿌리부터 차곡차곡 코밍을 해줘야 깨끗한 하이바 면처리를 할 수 있다.

9

10

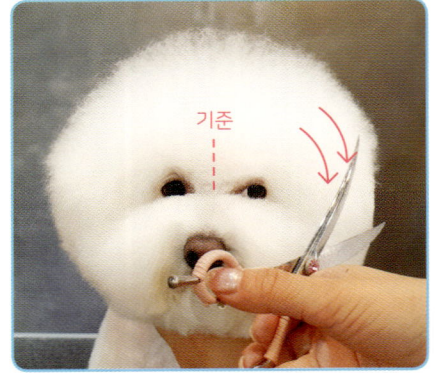

하이바의 크기를 정한 후 스톱을 기준으로 콤파스로 원 그리듯이 우측면을 설정한다.

11

귀 끝을 확인하며 털 속에 귀가 파묻힌 듯 분리되지 않도록 신중히 커트한다.

12

좌측의 폭을 설정 전에 콤으로 사진과 같이 펼쳐 준다.

13

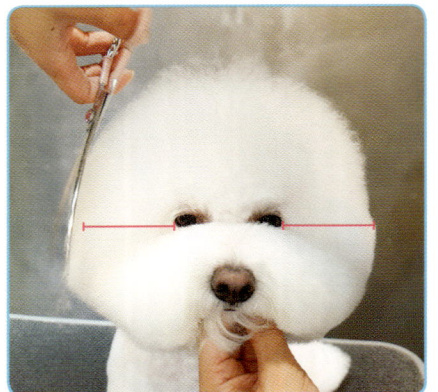

우측의 폭만큼 좌측도 동일한 폭으로 틀을 잡는다.

14

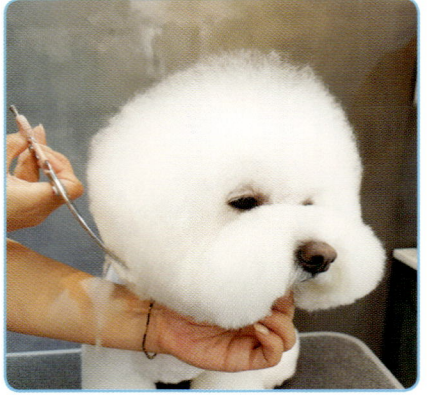

귀 아래의 털을 턱부분과 둥글게 이어주며 머즐 털까지 잘라내지 않도록 주의한다.

15

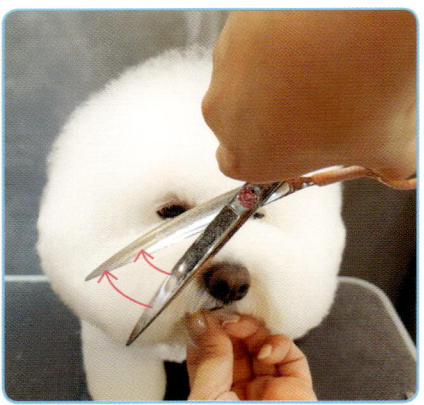

머즐털을 아래에서 위로 굴려 연결한다.

16

수시로 위에서 내려보며 좌우 폭이 동일한지 체크하며 수정해 나간다.

17

Tip 하이톤으로 이름을 부르거나 다양한 소리를 내면 쫑긋 귀가 위로 올라간다. 그 타이밍에 귀 밑으로 튀어나오는 털을 확인하며 정리해주면 깔끔한 라인을 만들수 있다.

18
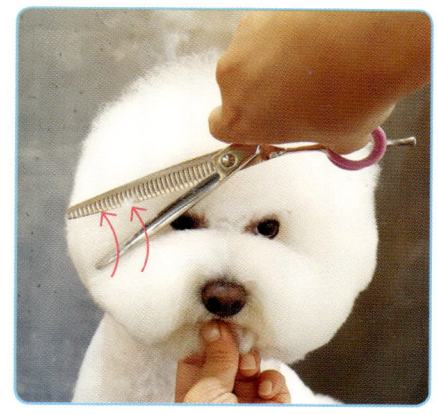
자연스럽게 연결되도록 요술가위로 살짝 들었다가 나온 느낌으로 다듬는다.

19

위에서 내려봤을때 코 앞으로 나온 털들도 아래 방향으로 연결해준다.

20

우측의 털도 폭이 좁아지지 않도록 굴려준다.

21
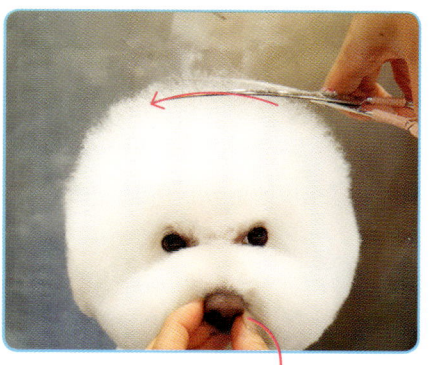
Tip 탑부분이 너무 낮으면 자칫 럭비공처럼 옆으로 퍼지기 때문에 전체적인 밸런스를 고려하여 높이를 설정한다.

22
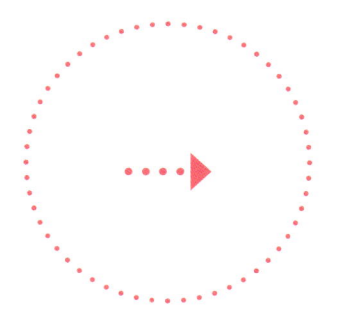
각을 굴려주며 곡선의 형태로 커트한다.

23
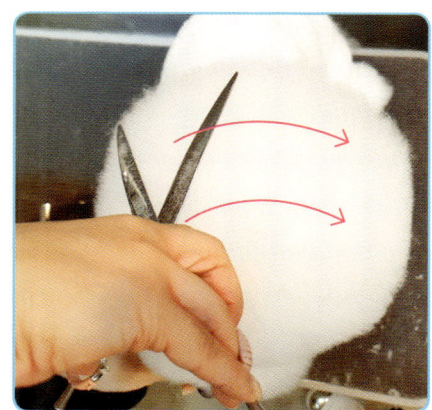
고개를 숙여 위도 원 형태가 되도록 연결한다.

continue

24

우측면으로 돌려 눈꼬리를 굴려주며 라인을 정리한다.

25
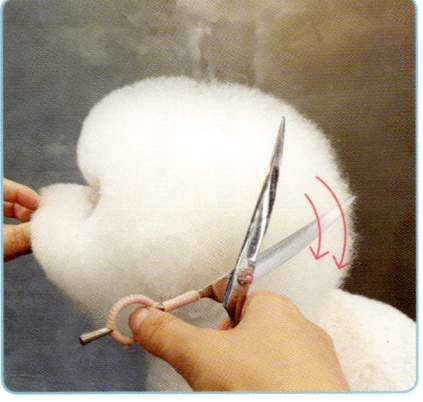
후두부와 측면이 완만한 곡선이 되도록 시저링한다.

26

귀끝
귀뿌리

** Tip 귀 끝을 잡고 눈 옆으로 당겨 보정한 뒤, 귀뿌리 쪽 튀어나온 털을 요술가 위로 정리해주면 귀가 올라가도 튀어나온 털 없이 예쁜 라인이 된다.

27

아래 불필요한 털을 말아넣듯이 입체감을 주며 커트한다.

28
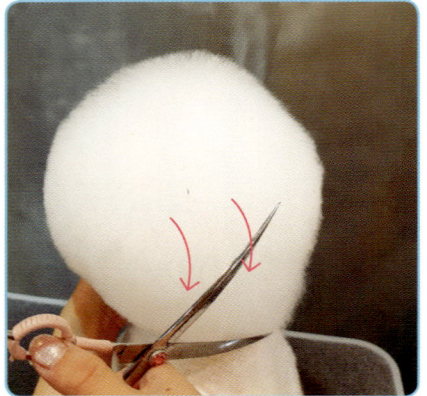
뒤로 돌려 후두부면도 동그랗게 균형을 맞추며 시저링한다.

29

완성된 뒷모습

30

좌측면 귀 아래 털도 사진과 같이 보정 후 떨어지는 털을 굴려준다.

31

쏙쏙 말아 넣어 라인을 정리한다.

32

귀 라인보다 올라가지 않도록 커트한다.

33
정면으로 돌아와 다시한번 재차 다듬어면 정리를 해준다.

34
턱 부분의 털을 하이바의 크기를 고려하여 연결해 준다.

35
설정한 라인 아래로 지저분한 털을 클리퍼로 깨끗이 정리한다.

36
위에서 본 모습

37
측면 모습

** Tip
전체적으로 콤으로 빗어 다시 한번 드라이 한 후 튀어나온 털을 재차 다듬어주면 깨끗하게 면처리가 완성된다.

38
Finish

Bichon Style ③

비숑 캔디컷

비숑의 하이바 스타일이 단조롭고 지루할 때 캔디컷을 해보자.
푸들의 캔디컷을 응용한 커트 방법으로,
언제든 다시 하이바로 돌아가기 쉽게끔 깊지 않은 선 표현을 해준다.
비숑만의 캔디컷 스타일은 귀여움과 사랑스러움을 더욱 부각시킬 수 있다.

Let's start bichon grooming!

Before

After

이 컷의 Point *

비숑의 캔디컷과 푸들의 캔디컷의 가장 큰 차이는 머즐의 폭을 넓게 설정하고, 모든 이미지 라인들이 살짝 들어갔다 나온 느낌으로 부드럽게 표현하는것이 포인트다. 귀가 큰 비숑이나 눈물로 변색된 아이에게 단점을 보완하기에 추천하는 스타일이다.

Start!

1

미간의 털을 콤으로 올려 일직선으로 커트한다.

2

앞의 하이바컷 눈표현과 같은 방법으로 갈매기 라인을 만들어 준다.

3

눈꼬리 0.5mm 뒤부터 캔디컷의 귀 분리점을 설정한 후 뒤로 커트하며 굴려준다.

4

반대편도 같은 위치에서 밸런스를 맞춰 커트한다.

5

** Tip 너무 깊게 패이지 않게 살짝 들어갔다 나온 느낌으로 정수리와 귀의 경계선을 나눠줘야 다시 하이바로 돌아가기 좋다.

6

정수리 부분은 너무 낮지 않게 큰 반원으로 커트한다.

continue

7

위에서 내려보며 그림과 같이 진행하여 둥글게 보이도록 시저링한다.

8

다시 한번 면처리한다.

9

입 앞으로 내려오는 털을 굴려 정리한다.

10

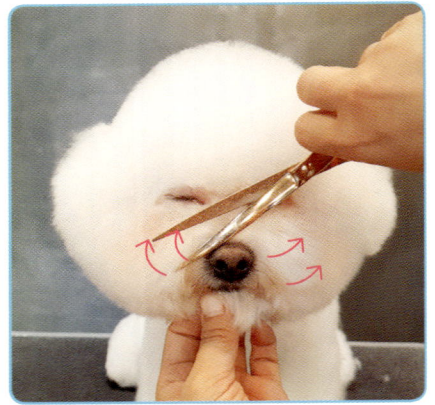

나머지 내려온 털을 아래에서 위로 굴려준다.

11

머즐의 폭을 너무 좁아지지 않게 설정하여 커트한다.

12

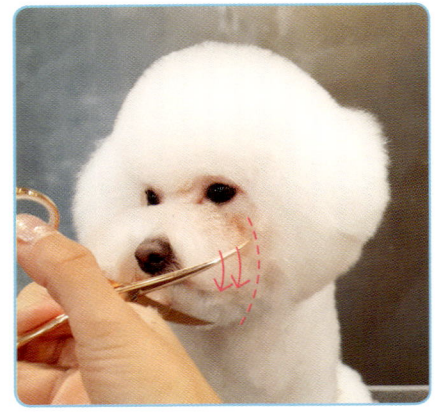

설정한 머즐폭에 맞춰 입 옆부분도 짧지 않게 굴려 커트한다.

13

** Tip 표시된 부분의 털을 살려두어야 풍성한 캔디컷이 완성된다.

14

반대편 머즐도 좌우 대칭을 고려하여 길이를 설정한다.

15

머즐과 뺨 쪽의 털을 살짝 들어간 느낌으로 나눠준다.

16

입술 아랫부분은 짧게, 귀여운 인상을 주며 커트한다.

17

귀털이 풍성해 보이도록 귀라인을 그림과 같이 크게 설정 후 정수리와 후두부를 곡선으로 연결한다.

18

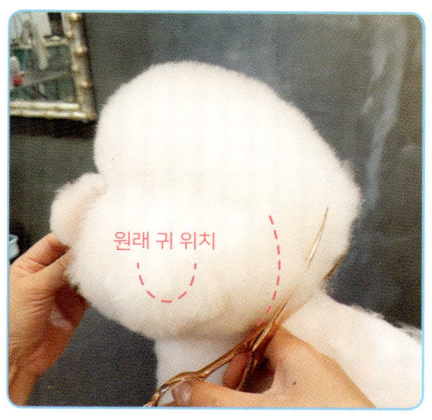

원래 귀 위치

귀와 후두부의 털을 부드럽게 나눠 아래라인을 말아 넣어 커트한다.

19

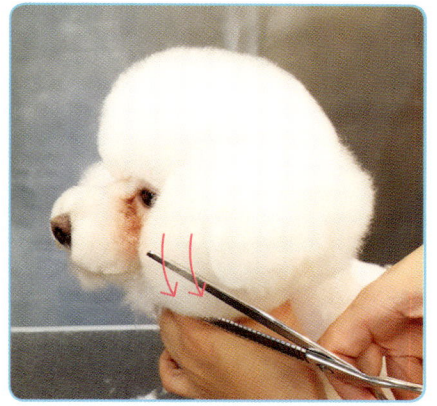

측면에서 보며 얼굴을 가리는 뺨 쪽 털을 요술가위를 사용하여 완만한 곡선으로 굴려준다.

20

귀 장식털이 또 하나의 원 느낌이 되도록 커트한다.

21

귀가 살짝 나눠지는 느낌으로 표현하여 포인트를 살려준다.

22

후두부와 반대쪽도 같은 방법으로 커트하여 대칭을 맞춰 나간다.

23

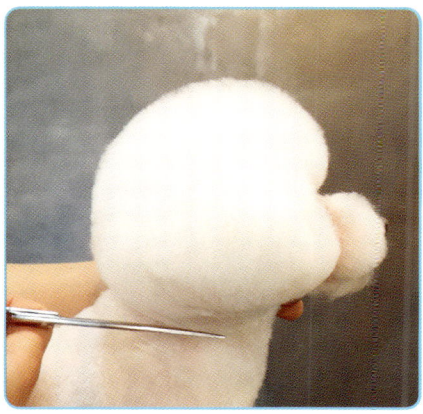

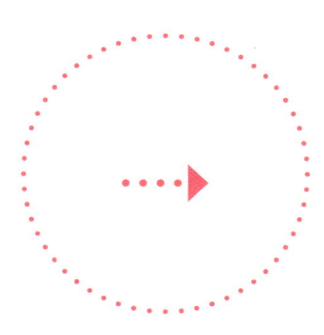

24
귀를 앞으로 밀어 귀 위치를 확인하며 다시 한번 좌우 대칭을 맞춰준다.

25
스포팅일 경우 목 아래 불필요한 털은 클리퍼로 밀어 정리한다.

26
뺨 아래의 털을 둥글게 굴려주며 많이 잘려나가지 않도록 한다.

27
귀도 둥글게 보이도록 양쪽 다 요술가위로 다듬어 나간다.

28
전체적으로 다시 한번 드라이 후 튀어나온 털을 깔끔히 다듬어 준다.

29

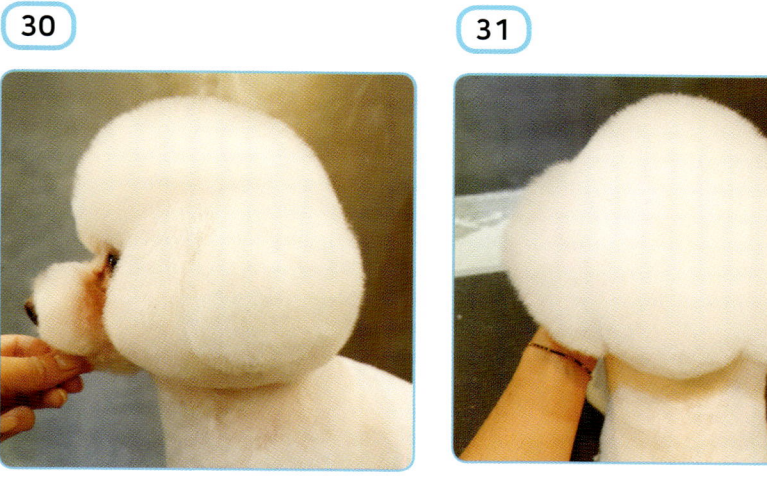

30 측면

31 뒤에서 본 완성모습

32

33

Finish

캔디컷 85

GET STYLE TRENDY COLLECTION

POODLE & BICHON PRISE